Für unsere Eltern

Gabi, Heidi, Jockel & Günter

INHALTSVERZEICHNIS

———◆◆◆———

Zusatzstoffe: Copic-Multiliner, Kulli, Bleistift,
Zeichentablett, Fonts, Fotografien.

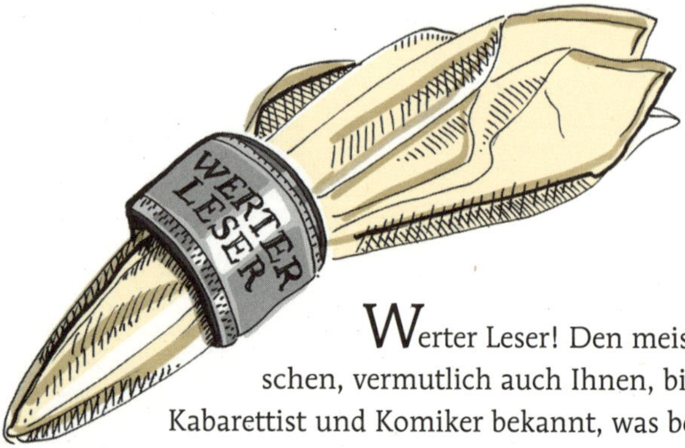

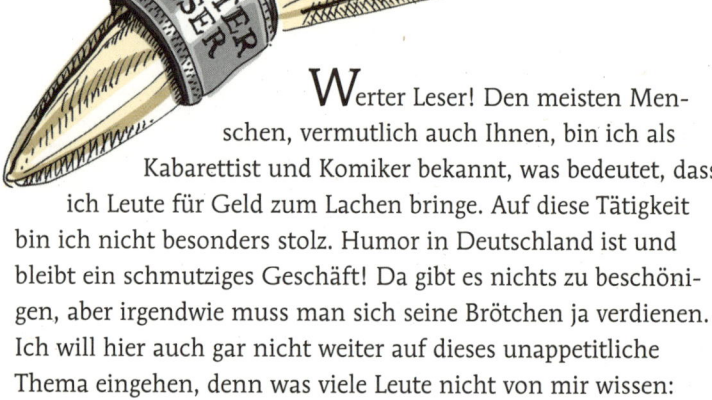

Werter Leser! Den meisten Menschen, vermutlich auch Ihnen, bin ich als Kabarettist und Komiker bekannt, was bedeutet, dass ich Leute für Geld zum Lachen bringe. Auf diese Tätigkeit bin ich nicht besonders stolz. Humor in Deutschland ist und bleibt ein schmutziges Geschäft! Da gibt es nichts zu beschönigen, aber irgendwie muss man sich seine Brötchen ja verdienen. Ich will hier auch gar nicht weiter auf dieses unappetitliche Thema eingehen, denn was viele Leute nicht von mir wissen: Meine eigentliche Leidenschaft ist das Essen.

Buffet-Bestecktasche

Sidney

Japanfächer

Tafelspitz

Kerze

Opernhaus

Palmwedel

Stehender Fächer

Wer meinen filigranen Körperbau kennt, würde natürlich niemals auf den Gedanken kommen, dass ich dieser Leidenschaft verfallen bin. Doch bin ich kein Glouton[1], kein Vielfraß, der stumpf seine gustatorischen Triebe befriedigt, indem er pausenlos kauend endlose Menüfolgen in sich reinstopft. Ich bin auch keiner dieser aufgeblasenen Möchtegern-Gourmets, die sich für großartige Feinschmecker halten, nur weil sie schon einmal einen Hummer massakriert haben. Es ist ja wirklich eine Schande, welch primitives Gesindel sich heute in den Restaurants herumtreibt! Neureiche, Salongrüne, im schlimmsten Fall sogar Manager. Wenn ich sehe,

Gulo gulo

wie sich staatlich gemästete Gockel über das schönste „Coq au Vin" hinweg ihr Fachchinesisch zubrüllen, und dann noch mit der Miene des großen Kenners ausgelutschte Phrasen über das Bouquet des Bordeaux in die Runde rülpsen: „Barrique, Waldfrüchte, schöne" (schöne!) „Tannine" ... Da kocht mir die Galle hoch! An alle Vorstandsvorsitzenden da draußen: Nur weil ihr Euch den gesamten Weinkeller leisten könnt, heißt das noch lange nicht, dass Ihr auch versteht, was Ihr da sauft. Kokst, geht auf Lustreisen, pinkelt auf Rettungsschirme, aber lasst kultivierte Menschen in Ruhe essen! So.

1 Glouton ist französisch für „Vielfraß". Der Begriff steht für übermäßige und dumme Völlerei. (Er ist scharf abzugrenzen von dem „Gourmand", einem Liebhaber aller Tafelgenüsse, sowie dem „Gourmet", der auch in tiefe Geheimnisse der Kochkunst eingeweiht ist.)

Das bedeutet nicht, dass ich die gehobene Küche nicht liebe, um Gottes Willen! Wenn ich die Sterne aller Restaurants, in denen ich jemals gespeist habe, zusammenzählte, erblickte ich eine wahre Milchstraße … Die bedeutendsten Köche unserer Zeit gehören zu meinen engsten Freunden. Ja, ich darf von mir behaupten, dass ich alles gegessen habe, was man als passionierter Gourmet gegessen haben muss. Mein Gaumen hat die entferntesten Gebiete des kulinarischen Kosmos' durchkaut. Mir wurde etwa die Ehre zuteil, mit dem französischen Staatspräsidenten Mitterand im Élysée-Palast einen Ortolan[2] zu verzehren. Dieser Abend war ein erhebendes Erlebnis, auch wenn er ziemlich fade war. (Der Staatspräsident, nicht der Ortolan.)

Doch was mich von vielen Zeitgenossen unterscheidet: Ich schlemme mit Verstand, mit akribischer Geduld und mit wissenschaftlicher Genauigkeit. Seit Jahren dokumentiere ich jede Speisekarte zwischen New York und Nowosibirsk, die mir in die Finger kommt. Jede akademische Publikation, die menschliche Essgewohnheit betreffend, wird von mir auf das Gründlichste studiert. Ohne meine mir eigene Bescheidenheit verlieren zu wollen, darf ich doch behaupten, dass ich mich mit der Zeit zu einem Universal-Gelehrten der Gastronomie entwickelt habe. In Fachkreisen bin ich bekannt und geachtet als Gastro-Historiker, Gastro-Ethnologe, Gastro-Biologe, Gastro-Physiker, Gastro-

2 Der Ortolan ist eine Vogelart aus der Familie der Ammern. Die Tiere werden vor dem Braten in Alkohol ertränkt. Das ist natürlich barbarisch. Ich schäme mich noch immer zutiefst für diese kulinarische Entgleisung. Doch eine Ablehnung hätte zu schweren diplomatischen Verwicklungen führen können.

soph[3], Gastrograph[4] und Gastromatiker[5]! Man kann sagen, ich bin Gastrologe in einer umfassenderen Art und Weise, als es jeder Mediziner sein könnte. Bei meiner Arbeit bediene ich mich sämtlicher wissenschaftlicher Methoden: Ich arbeite empirisch, theoretisch, praktisch, statistisch, hermeneutisch, phänomenologisch, spekulativ und vor allem experimentell. Denn beim Essen gilt: Wer nicht gekostet hat, darf sich kein Urteil erlauben. So habe ich das schärfste Curry geschlürft, den süßesten Honig geleckt, den ältesten Käse gemümmelt, den bittersten Tonic geschluckt, das ungarischste Gulasch gelöffelt. Ich habe mich durch die gesamte Insektenwelt Asiens gefuttert und war begeistert! Tiere aus der Gruppe der Gliederfüßer sind meines Erachtens nach wie vor in Europa ein völlig unterschätzter Leckerbissen. Eine flambierte Vogelspinne oder eine Küchenschabe à la princesse sind ein raffiniertes Vergnügen. Und an alle Gesundheitsapostel da draußen: Ein Teller Wanzen stellt mit seinem Ballaststoffreichtum jedes Bircher Müsli in den Schatten.

3 Ein Gastrosoph beschäftigt sich mit der kultur- und geisteswissenschaftlichen Betrachtung des Essens. Diese Bezeichnung geht zurück auf den preußischen Offizier und Schriftsteller Baron Eugen von Vaerst.

4 Ein Gastrograph widmet sich der regionalen und globalen Verteilung von Gerichten und Essgewohnheiten. Dieser Begriff ist auf mich zurückzuführen.

5 Ein Gastromatiker versucht, die Welt der Nahrungsmittel mit arithmetischen, geometrischen und trigonometrischen Methoden zu erfassen. So konnten Gastromatiker berechnen, dass die schmackhafteste Form eines Pfannkuchens nicht etwa ein Kreis ist, sondern ein gleichseitiges Dreieck, das aufrecht in einer Pfanne steht.

PHILIPP WEBER

Doch meine eigentliche Stärke ist natürlich der investigative Journalismus. Manche nennen mich auch den „Günter Wallraff des Essens". Doch wenn ich auf die Abenteuer zurückblicke, die ich bei meiner ewigen Suche nach Geschmack und Wahrheit erlebt habe, empfinde ich mich eher als eine Art „Indiana Jones der Gastronomie". Ich bin Tausende von Kilometern durch die Arktis gejagt und war gezwungen, die Hälfte meiner Schlittenhunde zu vertilgen, nur um von dem berühmten Speiseeis der Inuit zu naschen – eine Köstlichkeit, die aus Schnee, Karibufett und zerdrückten Preiselbeeren zubereitet wird. Ich bin auf den Grund des Meeres getaucht und habe aus dem Wrack der Louisiana eine Kiste **„CHÂTEAU LAFITE 1776"** geborgen – der Wein war für den amerikanischen Präsidenten George Washington bestimmt und natürlich war das jahrhundertealte Gesöff ungenießbar. Der 1776er ist nun mal ein grauenhafter Jahrgang, kein Vergleich zum '75er. Die Sonne der Aufklärung hat eben auch nicht jeden Weinberg beschienen. Doch brachte mir eine Flasche davon bei dem Auktionshaus Sotheby's immerhin 10 000 Euro ein, wofür ich sofort eine mumifizierte Gans ersteigern konnte, die Ramses III. als Grabgeschenk beigelegt wurde. Mich interessierte vor allem die Zusammensetzung der Füllung. Kein Weg war mir zu weit, kein Berg zu hoch, kein Meer zu tief und keine Reise zu gefährlich, um Einblick in die Mysterien und Geheimnisse menschlicher Kochkunst zu erlangen. Ich schlug mich wochenlang, von Malaria geschüttelt, durch den wildesten Dschungel, um vom letzten noch lebenden Kannibalen Papua Neuguineas zu lernen, wie man einen Missionar fachgerecht tranchiert. Ein Jahr zog ich mit den Tuareg durch die endlosen Weiten der Sahara, bis ich endlich Kamelhufe so in Ziegenmilch einlegen konnte, dass sie beim Kochen nichts von ihrem Geschmack verlieren (wobei sogar der zäheste Wüstennomade mit mir übereinstimmte, dass dies den Kamelhufen eigentlich ganz gut tun würde). Ich verlor zwei Zehen auf den Gipfeln des Nanga Parbat, wo mich ein tibetanischer Mönch in der Kunst unterwies, in einer Höhe von 7000 Metern bei 30 Grad minus Yakmilch zu Sahne zu schlagen. Und doch waren alle die entbehrungsreichen Strapazen und tödlichen Gefahren rund um den Globus nichts gegen meine Zeit in Baden-Württemberg: zwei Monate Maultaschen-Falten in der schönen und doch grausamen Einöde der schwäbischen Alb. Das ist eine Erfahrung, die für immer prägt.

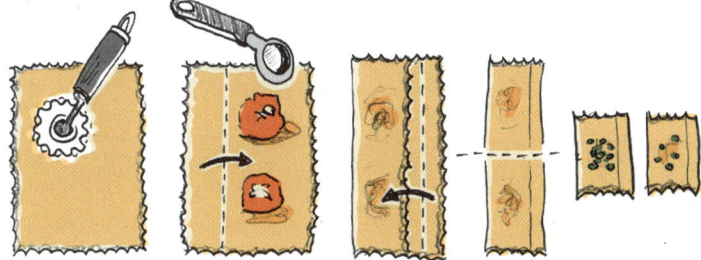

Mein unermüdlicher Pioniergeist und meine rastlose Suche nach kulinarischen Extremen forderten ihren Tribut an Leib und Seele. Im letzten Jahrzehnt erkrankte ich viermal an Cholera, zehnmal an Typhus und unzählige Male an Hepatitis A bis Z. Ich hatte Plasmodien, Trichinen, Bandwürmer, und in den dunkelsten Gebieten Afrikas manche davon sogar schon zum Frühstück. Die Diarrhö gewitterte in meinem Bauch mit solchem Ingrimm, dass mir war, als wolle der Darm meinen Körper über mein Rectum verlassen. Doch heute bin ich abgehärtet und könnte in den Slums von Mumbai aus einer Regenpfütze trinken oder das Frittierfett einer Berliner Bahnhofsbude aussaufen und bräuchte anschließend nicht mal einen Schnaps!

Doch haben die Jahre nicht nur mein Wissen gemehrt und meine
Schleimhäute gestählt, ich habe auch viel Schönes und Kurioses
zusammengetragen: einen Mammutknochen mit den Bissspuren
eines Neandertalers, eine Pfauenfeder zur Magenentleerung aus
dem Besitz des sagenhaften Schlemmers Lukullus, einen Zahn-
stocher aus der Ming-Dynastie, mit dem Lao Tse Tung persönlich
Sushi-Reste aus dem Gebiss gepopelt haben soll, zwölf silberne
Teelöffel aus der Aussteuer Eva Brauns mit Hakenkreuz und
leichter Zyanid-Korrosion und eine silberne Tisch-Guillotine,
mit der Robespierre seinen Spargel köpfte. Der heilige Gral fehlt
zwar in meiner Sammlung, aber ich nenne einen Eierbecher mein
Eigen, den Jesus oft zum Frühstück benutzt haben soll. Das Gefäß
ist eine echte Reliquienfälschung aus dem frühen Mittelalter.
Aus dieser Epoche besitze ich übrigens auch eine wunderschöne
Zuckerdose, geschnitzt aus den Gebeinen der Heiligen Dorothea[6].
Doch mein eigentlicher Stolz ist natürlich meine Bibliothek.
Bücher und Bände, Folianten und Atlanten, Enzyklopädien und
Lexika reihen sich dort Meter an Meter. Im ersten Raum befindet
sich eine Sammlung naturwissenschaftlicher Nachschlagewerke

zu Fragen der Medizin, der Botanik, der Zoologie, der Mathematik, der Chemie und der Nahrungsmittel-Quantenphysik. Für die geistes- und sozialwissenschaftlichen Werke habe ich hingegen den rechten Seitenflügel reserviert. Diese Publikationen betreffen Fragen zu Geschichte, Philosophie, Soziologie, Psychologie, Theorie und Grammatik menschlicher Esskultur. Im linken Seitenflügel stehen Schriften von eher antiquarischem Wert. Besondere Exponate lege ich zur Erbauung meiner Gäste gerne auf einen dekorativen Barock-Buchtisch in der Mitte des Raumes. Im Moment ruhen dort eine Schriftrolle von Ramatep, dem Leibkoch Nofretetes, der in den schönsten Hieroglyphen über die Verwendung von Krokodilfett in der altägyptischen Küche referiert, sowie die Abschrift des in Mittelhochdeutsch verfassten Küchenliedes von Walter von der Eingeweide mit dem berühmten Vers:

Jch saz ûf eime Steine
Und brut mir Bein vom Sweine

Von den beiden Seitenflügeln aus gelangt man in den Hauptsaal der Bibliothek, wo sich der größte Teil meiner Sammlung befindet. Ich bin der Ansicht, jeder Gourmet, auch wenn er selbst nie am Herd steht, sollte dennoch eine halbwegs repräsentable Anzahl von Kochbüchern besitzen. Bei mir sind es genau 624 562 Stück. Genauer 624 569, wenn man die letzte Internetbestellung mitzählt. Ich habe alles: von Witzigmanns ersten zaghaften Gehversuchen bis zu Schuhbecks letztem großen Scheitern, von Trivialliteratur à la Jamie Oliver oder Alfred Biolek bis zu den bedeutenden Standardwerken der Kochkunst wie dem „Grossen Larousse" [7] oder „Dr. Oetkers Kochschule" in ihrer Erstauflage von 1953.

6 Die Heilige Dorothea ist die Schutzheilige der Bierbrauer. Der Legende nach wurde sie von fanatisierten Abstinenzlern in einem Fass Doppelbock ersäuft. Das ist aber unwahr. Sie wurde von Heiden enthauptet.

7 Der Große Larousse ist eines der umfassendsten Standardwerke der französischen Küche. Die gebundene Ausgabe wiegt circa 5 Kilo. Damit ist dieses Buch nicht nur eine wunderbare Reiselektüre, sondern auch ein geeigneter Beschwerer für Topfdeckel.

Über eine kleine Wendeltreppe steigt man in die Keller meines Reiches hinab. In langen, verwinkelten Gängen vermodert alles, was ich für unwert befinde, als gastronomische Literatur bezeichnet zu werden, wie zum Beispiel Artikel aus Frauenzeitschriften, Broschüren zur Haushaltserziehung, Diät-Ratgeber und vieles mehr. Der größte Teil dieser kulinarischen Kloake besteht natürlich aus Büchern von Prominenten, also Politikern, Schauspielern und Schlagersängern, die glauben, sie könnten ihrem sinkenden Stern durch eine Demonstration ihrer Kochkünste neuen Glanz verleihen. Natürlich ist das alles Mist oder warum glaubt bitte ein abgehalfterter Volksmusik-Dödel, der bei einer Polka schon versagt, er hätte mit einer Polenta mehr Glück? Warum denkt Karin Stoiber, die Welt müsse von ihrem Kartoffelsalat erfahren? Wer einen derart schlechten Geschmack bei Männern demonstriert, kann es am Herd doch auch nicht weit bringen. Ich frage mich immer, wer liest diesen Müll? Ich tue es, da ich wie ein Lungenarzt im menschlichen Auswurf stöbern muss, um krankhafte Keime zu identifizieren. Natürlich hätte ich das ganze Zeug nach dem Lesen vernichten können, doch pflege ich zugegebenermaßen eine gewisse, morbide Faszination für das Pathologische.

Außerdem erfüllt dieser ganze Unrat noch einen anderen Zweck. Unter diesem Berg von verwesender Cellulose schlummert, versteckt vor den neidischen Blicken der Welt, ein Schatz. Mein Schatz. Vom hintersten und dunkelsten Teil der Katakomben gelangt man schließlich in einen winzigen, gemauerten Raum. Dort steht auf einem Tisch aus Lorbeerholz ein goldener Schrein, und dieser enthält die Kronjuwelen meiner Arbeit, das Vermächtnis meines Schaffens. Es sind zwölf Rezepte, die von mir persönlich in gestochener Schrift mit Maulbeersaft auf Esspapier übertragen wurden. Diese Gerichte gehören sicherlich zu dem Außergewöhnlichsten, das der menschliche Geist je ersonnen hat, obwohl ich noch keines von ihnen gekocht oder gar verzehrt habe. Denn es ist unmöglich, diese Speisen zu kochen, sei es aus praktischen oder auch aus moralischen Gründen. Trotzdem haben mich diese Texte in ihren Bann gezogen und üben einen geradezu mystischen Zauber auf mich aus. Sagt man nicht, dass die süßesten Früchte immer die verbotenen sind? Und sind deshalb die unmöglichen Gaumenfreuden nicht auch die verführerischsten? Ihr Genuss ein Traum, weil er ein Traum bleibt?

Nach langem Zögern habe ich mich nun entschlossen, diese Rezepte zu veröffentlichen. Es geschah weniger auf eigenen Wunsch, sondern viel mehr auf das beharrliche Drängen meiner Freunde, die der Ansicht waren, es sei abscheulicher Egoismus, ein solches Kulturerbe für sich zu behalten. Die Öffentlichkeit und die Nachwelt hätten ein Recht, von diesen Werken zu erfahren und zu profitieren. Diesen berechtigten Forderungen konnte ich mich natürlich nicht entziehen, es gab jedoch ein Problem: Zu einem guten Kochbuch gehören natürlich auch Bilder, denn wie lehrt schon Homer, das Auge isst schließlich mit. Da aber von einem Gericht, das nicht gekocht werden kann, natürlich auch keine Fotos existieren, habe ich mich für einen anderen Weg entschieden: Meine langjährige Weggefährtin und passionierte Mit-Esserin, die Künstlerin Inka Meyer, hat sich gottlob bereit erklärt, dieses Buch zu illustrieren. Und das auf kongeniale Weise. Durch sie ist dieses Werk nicht nur ein literarisches, sondern auch ein visuelles Erlebnis geworden. Und ich möchte ihr hier noch mal meinen untertänigsten Dank aussprechen. Doch nun ans Eingemachte, lieber Leser!

VIEL VERGNÜGEN WÜNSCHT
Ihr Philipp Weber

Die ersten Zeugnisse menschlicher Kultur sind Gegenstände wie Messer, Speer und Axt, folglich alles Geräte, die dem Erwerb und der Zubereitung von Nahrung dienen. Denn bevor unsere Vorfahren höhere, kulturelle Leistungen vollbringen konnten, mussten sie erst einmal ihre unmittelbaren Bedürfnisse wie Hunger und Durst befriedigen. Und wer schon mal von seiner Frau mit knurrendem Magen zur Matthäus-Passion gezerrt wurde, weiß sicher: Erst kommt das Fressen, dann der Choral. Doch durch die stete Verbesserung seiner Jagd- und Garmethoden hatte der Mensch irgendwann Zeit und Muße, sich bei vollem Magen im leuchtenden Schein eines prasselnden Feuers und mit dem Kohlestift in den fettigen Fingern den höheren Künsten zu widmen. Man könnte auch sagen: Das Paläolithikum war die durchaus gesegnete Zeit, in der technische Entwicklung und zivilisatorischer Fortschritt harmonisch Hand in Hand gingen. Heute herrscht, wie Theodor Riesenschmarrn Adorno und Max Murxheimer in ihrer Frankfurter Kochschule lehrten, die Dialektik der Aufwärmung. Der Mensch benutzt technische Errungenschaften primär zur Perfektionierung von Gewalt und zur Barbarisierung der Esskultur. 1945 wurde zum Beispiel der Mikrowellenherd erfunden und wir wissen welch schwerwiegende Ereignisse in diesem Jahr die menschliche Zivilisation erschüttert haben: Hiroshima und die Geburt von Mireille Mathieu!

Will man also die Ursprünge der menschlichen Kultur ergründen, sollte man ganz zu den Wurzeln unserer Spezies zurückkehren und die Essgewohnheiten unserer Urahnen erforschen. Was man dabei zutage fördert, ist leider erst einmal eher unappetitlich, denn die wichtigsten Hinweise hierzu liefert die sogenannte Koprologie, die Wissenschaft vom versteinerten Kot. Es ist bedauerlich, aber neben ein paar Knochen und Steinsplittern sind paläontologische Exkremente die einzige Hinterlassenschaft, die Rückschluss auf den steinzeitlichen Speiseplan geben. Doch wahrlich, die Beschäftigung mit dieser schmutzigen Materie lohnt sich! Im fäkalen Erbe unserer Vorfahren finden wir Überreste der gesamten Fauna der mittleren Steinzeit: Mammuthaar, Urpferd-Fell, Früh-Frosch-Knochen, Steinzeit-Seeigel-Schalen ... Schlussfolgernd: Sie haben eigentlich alles verzehrt, was Beine hatte – mit Ausnahme des Tisches, der noch nicht erfunden war. Und das passt ja auch gut zu dem Bild, das wir von unseren Urverwandten haben: wilde, grobe Gesellen, in struppige Felle gehüllt, die mit fetttriefendem Mund und halb verfaulten Zähnen unter tierischem Grunzen halbrohes Fleisch in sich reinstopfen. Ein englisches Rugby-Team in einem argentinischen Steakhaus, so in etwa.

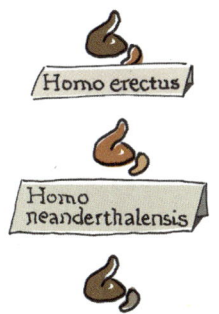

Nun frage ich Sie: Tun wir unseren Vorfahren damit vielleicht Unrecht? Jüngst fand ich in einer Zeitschrift für Frühgeschichte einen Bericht über eine Höhlen-Behausung, die übersät war mit tausenden Austernschalen und ich dachte bei mir: AUSTERN? Gelten diese Meeresfrüchte heute nicht als Delikatesse? Und sind bei genauerer Betrachtung Froschschenkel oder Seeigel nicht auch Gaumenfreuden, deren wahrer Wert sich nur Kennern der gehobenen Küche erschließt? Mit einem Mal trieb mich die Frage um: War das Nahrungsverhalten des frühen Homo

sapiens wirklich so wahllos? Oder lässt die große Bandbreite
von Nahrungsmitteln nicht eher auf eine hoch differenzierte
Küche schließen? Unvoreingenommen betrachtet gibt es keinen
wissenschaftlich legitimierten Grund anzunehmen, warum der
Steinzeit-Mensch sein Fleisch blutig und roh verzehrt haben soll,
wenn er es auch fein geschabt mit Limette und einem Hauch
Muskat hätte genießen können. Vielleicht sind die Ursprünge der
Cuisine Supérieure viel tiefer im Dunkel der Zeit verwurzelt als
bisher angenommen? Vielleicht war gar der Wegbreiter gehobe-
ner Kulinaristik nicht etwa ein Paul Bocuse[1], sondern ein grun-
zender Halbaffe mit Pferdegebiss? Diese Fragen mögen Ihnen
vielleicht absurd erscheinen, doch für einen Gourmet meines
Kalibers war die Lösung dieses Rätsels von ungemein großem
Interesse. Und sind es nicht oft diese absurden Fragen, die zu den
unsinnigsten Antworten führen?

Nach gründlicher Überlegung bin ich in das wunderschöne
Städtchen Vallon-Pont-d'Arc im Südosten Frankreichs gefahren.
Diese Gegend hat nicht nur einen vorzüglichen Anislikör zu
bieten, sondern ist auch für ihre einzigartigen, prähistorischen
Höhlenmalereien bekannt. Die Chauvet-Höhle gehört zu den
besterhaltenen Zeugnissen der Frühgeschichte. Manche behaup-
ten gar, hier stehe die Wiege der menschlichen Kunst selbst.
Dort eingetroffen, begegnete ich Professor Gaston Briochlaise,
Inhaber des Lehrstuhls für theoretische Küche am Institut für
spekulative Ernährungswissenschaften der Fernuniversität
Litje (Grönland). Ich war auf diese Zusammenkunft ungemein
gespannt: Was hatte dieser große Mann nicht schon für die
Wissenschaft geleistet! War es nicht Briochlaise, der mit seinem
epochalen Werk „Prehistorical conception of dinner" die völlige
Bedeutungslosigkeit der Serviette in der Lebenswelt afrikani-
scher Ureinwohner endgültig nachweisen konnte? Wurde nicht

---

1 Paul Bocuse ist ein bedeutender zeitgenössischer Koch und Besitzer
des berühmten Restaurants L'Auberge du Pont de Collonges. Im Laufe
des Buches werde ich noch auf ihn zurückkommen.

durch seine schmerzhaften Selbstversuche aufgezeigt, dass durch gründliches Kauen die Schale der Kaktusfeige ohne Probleme mitgegessen werden kann? War er es nicht, der anhand der Bewegung eines Reiskorns in einem Topf kochenden Wassers auf 4000 Höhenmetern den jährlichen Niederschlag in den Schweizer Alpen berechnen konnte? Und hat nicht auch Briochlaise im Jahre 1984 auf dem „Berliner Kongress für angewandte Oologie[2]" in einer legendären Tischrede sage und schreibe 1500 verschiedene Techniken, ein Ei zu kochen beschrieben? Dies führte damals zu einem umfassenden Paradigmenwechsel in der Eierkunde, obgleich nicht weniger als 23 Zuhörer aufgrund seiner ausdauernden Wortgewalt über den Tellern verhungerten. Dieser Mann ist ein Visionär! (Auch wenn er in der Fachwelt eher als Spinner gilt.)

Unser beider Gedankengänge waren wie folgt: In jeder Höhle, auch wenn sie noch so primitiv gewesen war, muss es einen gesonderten Bereich gegeben haben, in dem der Steinzeitmensch seine Nahrung zubereitet hat, sozusagen eine Urform der Küche,

2 Die Oologie ist die Wissenschaft vom Ei. Sie zerfällt in drei Forschungsgebiete: der Speculo-Oologie, Circum-Momentum-Oologie und Lentaculum-Oologie, also des Spiegel-, Rühr- und Frühstückseis.

und diesen Ort wollten wir mit unseren eigenen Augen sehen!
Im Eingangsbereich der Höhle fanden wir jene bereits erwähnten
Malereien, mit wie viel Liebe und Freude zur Detailtreue haben
unsere Vorfahren ihre Welt hier festgehalten, aber zahlreiche
dieser beeindruckenden Darstellungen geben den Archäologen
immer noch Rätsel auf. Den Archäologen vielleicht, doch in
unseren Augen waren diese Zeichnungen riesige Speisekarten, die
in meterhohen Lettern auf die Wände projiziert wurden. Denn
Briochlaise und ich betrachteten die Welt durch die unbestech-
liche Brille der Gastronomie und deshalb war uns von Anfang
an klar wie Kloßbrühe: Unsere Vorfahren haben sich nicht damit
begnügt, den Erfolg ihrer Jagdkunst zu verewigen, es ging ihnen
nicht allein um den Mut des Jägers oder um die Schönheit der
erlegten Tiere. Nein, gerade im hinteren Teil der Höhle, in der
der Professor die gemeißelten Reste eines mesolithischen Dampf-
kochtopfs zu erkennen glaubte, wurde penibel die weitere Verarbeitung des Wildbrets abgebildet: vom Auslösen der Knochen
über die Methode des Garens bis hin zur Auswahl der Garnitur!

Wir waren stolz, bis zu 20 verschiedene Gerichte rekonstruieren zu können und brannten darauf, eines dieser Rezepte praktisch umzusetzen. Bedauerlicherweise spiegelte die Zutatenliste das Nahrungsangebot der damaligen Zeit wider. „Stopfleber von Säbelzahnente" wäre durch äquivalente Mengen rezenter Nachkommen ja noch improvisierbar gewesen, aber beim „Filet vom geflügelten Riesen-Langhaar-Nacktmulch" erschien uns eine Nachbildung zu spekulativ. Der Veranschaulichung halber und um den aufmerksamen Leser zu befriedigen, habe ich mich dennoch entschlossen, eines der Rezepte zu präsentieren, schließlich passt es hervorragend in dieses Kompendium unmöglicher Gerichte! Der Professor und ich gaben dem Gericht den Namen: „Ragout vom Mammut".

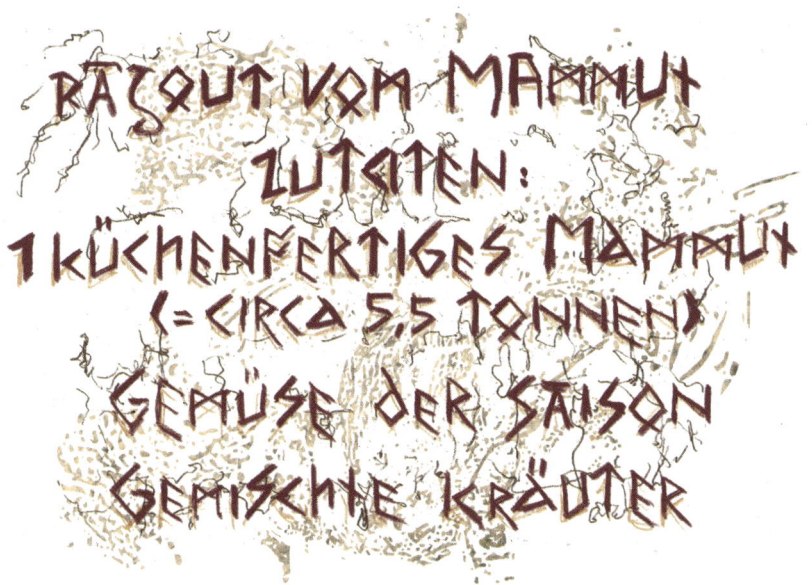

RAGOUT VOM MAMMUT
ZUTATEN:
1 KÜCHENFERTIGES MAMMUT
(= CIRCA 5,5 TONNEN)
GEMÜSE DER SAISON
GEMISCHTE KRÄUTER

Mit einer großen Fackel senge man das Fell des Tieres vom Körper und entferne die Stoßzähne (Vorsicht: spitz!). Man tranchiere das Mammut in zirka 20 gleiche Teile. Zwischen Hüfte und Hochrippe befindet sich das winzige (circa 50 Kilo) Filet Mammuton: Dieses besonders zarte Fleisch sollte als Horsd'œuvre vorneweg serviert werden – fein geschabt mit Limette und einem Hauch Muskat. Das Fleisch wird nun für die Dauer einer Eiszeit in einer Lake aus Salzwasser und Kräutern mariniert. Es empfehlen sich hierfür besonders Dino-Dill, Panzer-Kresse und Stachel-Borretsch. Anschließend alles in einem Vulkankrater scharf von jeder Seite anbraten und in einem Geysir mit mäßiger Aktivität pochieren[3]. Dauer: circa 20 Minuten pro 500 Gramm Mammut plus eine Woche. Gegen Ende der Kochzeit sollte etwas Gemüse für wenige Minuten im Fleischsud blanchiert werden. Im Frühling und Sommer eignen sich Riesenfarnsprossen, Urlauch oder Saurierampfer, im Herbst und Winter sind lagerfähige Feldfrüchte zu verwenden wie Mega-Möhre, Knollenblätterkohl oder Tote Bete. Diese Pflanzenkost gibt dem Gericht nicht nur eine gewisse Raffinesse, sie sorgt auch für die nötigen Ballaststoffe, die der Mensch in seiner frühen Entwicklungsphase braucht.

3 Beim Pochieren wird mit möglichst geringer Hitze gekocht. Wahre Meister-Pochierer schaffen es, wenige Grad über Raumtemperatur Gemüse zu garen. Leider dauert dieser Vorgang oft Monate.

ALTTESTAMENTARISCHE GERICHTE fischtopf Genezareth

Auf die Frage: „Was unterscheidet uns von den Moslems?"
antworten laut Untersuchungen 40 Prozent der Deutschen:
„Moslems glauben an Allah und essen kein Schweinefleisch!"
Ist das nicht interessant? Bis auf die Tatsache, dass Moslems
ihren Gott „Allah" nennen - was nicht weiter verwunderlich
ist, schließlich heißt Allah „Gott" auf Arabisch und das spricht
man nun mal da, wo der Islam herkommt -, ist die abweichende
Ernährungsweise die bekannteste Unterscheidung zwischen
Christen und Moslems. Und ich finde, das ist als Grund für
jahrhundertelanges gegenseitiges Köpfe-Einschlagen fast ein
bisschen wenig.

Aber am Beispiel des Schweinefleisch-Tabus sehen wir: Der
Mensch ist nicht nur, was er isst, manchmal ist er auch, was er
nicht ist, Verzeihung, isst. Ein Hindu isst zum Beispiel keinerlei Fleisch, denn er glaubt an die Wiedergeburt, das heißt, ihn
erwartet im nächsten Leben eine mögliche Existenz als Rind,
Schwein oder Mistkäfer. Und wenn man am Hühnergrill quasi
in die eigene Zukunft blickt, steigert das nicht unbedingt den
Appetit. Bei den alten Ägyptern galt es als absolutes Tabu,
Amphibien zu essen. Und was ließ Moses als eine der sieben
Plagen regnen? Richtig, Frösche. Das war den Pharaonen ein
echter Gräuel. Ein Franzose hätte nur gedacht:

„Oh, mon Dieu, Mittagessen ..."

Die Christen sind unter den Religionsgemeinschaften ja eher
die Allesfresser. Der eifrige Katholik fastet zwar am Freitag –
will heißen, er isst kein Fleisch, Fisch ist aber dennoch
erlaubt. Ich frage mich nur, was das für eine eigenartige Enthaltsamkeit sein mag, bei der man
einmal in der Woche von Wiener Schnitzel auf
Krabbencocktail umsteigt … Mögen es viele
für ein religiöses Gebot halten, ich sehe es
eher als Ergebnis extrem guter Lobbyarbeit der
Fisch verarbeitenden Industrie.

Viele dieser religiösen Essensvorschriften sind natürlich historisch betrachtet absolut sinnvoll. In heißen Regionen wie der Arabischen Welt ist es einfach barbarisch, Schweine zu halten – die Viecher wälzen sich nun mal gerne in Schlamm. Stellen Sie sich nur vor, wie man sich als Beduine fühlen würde: Nach einer Drei-Monats-Tour durch die Sahara kehrt man heim und das Erste, was das Auge erblickt, ist Miss Piggy, wie sie gerade ein Bad im wohl einzigen Wasserloch südlich von Timbuktu nimmt. Auch der Nomade hat lieber Eiswürfel als Spanferkel in seinem Wasser.

Viele dieser Nahrungs-Tabus sind nichts weiter als verklausulierte Hygiene- und Sicherheitsvorschriften. So erscheinen die Schlachtregelungen vieler Religionen auf den ersten Blick befremdlich, sind jedoch bei genauerer Betrachtung absolut zweckmäßig. Dem gläubigen Juden ist es z.B. untersagt, Tiere zu essen, die aus der Höhe zu Tode gestürzt wurden. Regeln wie diese sind noch heute von großem gesellschaftlichem Wert. Wie viele Passanten würden erschlagen werden, weil knauserige Billig-Schlachter ihre Rinder einfach vom Dach schubsen!

Andere religiöse Regeln zur menschlichen Nahrungsaufnahme erscheinen dagegen wie reine Willkür. Moses etwa hatte eine ziemlich eigenwillige Vorstellung davon, was dem Herrn ein Gräuel ist. So steht bei Deuteronomium, Kapitel 14: „Alle reinen Vögel esset. Das sind aber, die ihr nicht essen sollt: der Adler, der Habicht, der Fischaar, der Taucher, der Geier mit seiner Art und alle Raben mit ihrer Art, der Strauß, die Nachteule, der Kuckuck, der Sperber mit seiner Art, das Käuzlein, der Uhu, die Fledermaus, die Rohrdommel, der Storch, der Schwan, der Reiher, der Häher mit seiner Art, der Wiedehopf, die Schwalbe." Das liest sich wie Brehms Tierleben. Die alten Israeliten scheinen wirklich

alles gefressen zu haben, was ihnen vors Messer geflattert ist.
Doch, lieber Herr Moses, Fledermäuse sind keine Vögel und diese
Tatsache stand sicher schon zu Abrahams Zeiten im Schulplan.
Doch es wird noch schlimmer: „Das sollt ihr aber nicht essen
von dem, das wiederkäut, und von dem, das die Klauen spaltet:
das Kamel, der Hase und das Kaninchen, die wiederkäuen und
doch ihre Klauen nicht spalten, sollen euch unrein sein!" Treff-
lich biblisch formuliert, allein: Kaninchen und Hasen sind keine
Wiederkäuer. Und Klauen haben diese Tiere auch keine. Genauso
wenig wie Kamele. Zumindest nicht heute. Mir sind aber auch
keine fossilen Funde von prähistorischen Riesen-Karnickeln mit
messerscharfen Greiffüßen, räuberisch lebenden Hasen oder
fangzahnbewehrten Killerkamelen bekannt, die zu alttestamen-
tarischer Zeit gelebt haben könnten. Und warum sind die Klauen
überhaupt das Problem beim Essen? Diese werden doch, ob
„gespalten" oder „ungespalten", von den meisten Menschen gar
nicht mitgegessen. Ich möchte hier niemandes religiöse Gefühle
verletzen. Dennoch sage ich: Moses war ein großer Prophet, aber
von Zoologie hatte er keine Ahnung. Und von Gastfreundschaft
übrigens auch nicht. „Ihr sollt kein Aas essen – dem Fremdling
in deinem Tor magst du es geben, dass er's esse oder dass er's
verkaufe einem Ausländer!" – eine Regel, die heute nur noch in
orthodoxen Teilen der Fleischindustrie Anwendung findet. Das
alles belegt eine wichtige Tatsache: Religiöse Vorschriften werden
nicht von Gott gemacht, sondern von Menschen.

Schlimmer noch: von den jeweiligen Glaubenshütern, also den Priestern, Mullahs, Obergurus … Die Befolgung einer religiösen Regel ist damit auch immer ein Akt der Anerkennung kirchlicher Autorität und folgerichtig gilt die Missachtung klerikaler Gesetze als Aufbegehren gegen die geistliche Obrigkeit. Ein schönes Beispiel hierfür ist das letzte Abendmahl: Bei der Eucharistie wird Wein in Gottes Blut verwandelt. Als Jesus dieses Wunder vollbrachte, waren seine Jünger entsetzt. Sie mögen jetzt denken: „Klar, so feiert man ja auch keine Party. Eben noch 'n Schoppen im Glas und jetzt auf einmal 'ne Transfusion im Humpen! Wasser in Wein ist eine coole Idee, aber wenn mein Merlot plötzlich Rhesus-positiv ist, finde ich das eine Sauerei." Was Jesus da tat, war aber deswegen so skandalös, weil an diesem Tag das Passah-Fest gefeiert wurde und da durfte man als gläubiger Jude kein Fleisch essen. Und natürlich schon gar kein Blut trinken. Blut trinken … Das war mega-meschugge-total-tabu! Genau genommen auch noch Menschenblut! Die Juden müssen sich gefragt haben: „Für wen hält sich der Typ eigentlich? Graf Dracula? Wir feiern hier den Auszug aus Ägypten und nicht Frankensteins Hochzeit!" Doch Jesus wusste genau, was er tat: Er wollte dem religiösen Establishment den Mittelfinger hinhalten. Denn Jesus war der Erste, der verstanden hat: **ESSEN IST POLITISCH.**

Aufgrund seiner immensen kulturhistorischen Bedeutung ist völlig klar, dass man sich das letzte Abendmahl wie ein gut inszeniertes gesellschaftliches Großereignis vorstellen muss. Das waren nicht irgendwelche abgebrannten Underdogs, die zusammenkamen, um zu diskutieren und ein paar ungesäuerte Stullen zu mümmeln. Nein, hier trafen sich die führenden Mitglieder der politischen Alternativszene Palästinas, gewissermaßen die intellektuelle und spirituelle Avantgarde der Zeit. Diese zwölf Jungs muss man sich eher vorstellen als eine Art prähistorische Kommune 1 mit Maria Magdalena als Uschi Obermaier. APO kommt von Apostel. Das waren Querdenker, Freigeister und Revoluzzer. Naiv zu glauben, dass dieses medienwirksame Sit-in nicht akribisch genau geplant worden ist.

Als intimer Kenner der altsemitischen Küche hat mich deshalb natürlich die Frage umgetrieben: Wie lautete eigentlich die Menüfolge beim letzten Abendmahl. Es kann ja wohl nicht nur Brot, Wein und etwas aus der Hüfte vom Erlöser gegeben haben? Das ist ein toller Hauptgang, keine Frage, aber was stand als Aperitif, Vorspeise und Dessert auf der Tageskarte?

Ich bin auf die Suche gegangen und, so wage ich zu behaupten, auch fündig geworden. Einen großen Teil meiner Recherche widmete ich dem Studium der Qumran-Rollen, da sie zu den wenigen literarischen Zeugnissen dieser Zeit gehören. Ich reiste nach Jordanien und erhielt mit der Erlaubnis meines guten alten Freundes König Abdullah II. Einblick in diese einzigartigen Werke. Ich bin zugegebenermaßen keine Koryphäe im Altaramäischen, aber sagen wir so, es reicht, um ein Bier zu bestellen. Stunde um Stunde ackerte ich mich durch die staubigen Pergamente und als ich endlich am dritten Tage auf Rolle 464 bei Meter 3,40 angelangt war, rief ich laut: „Hosianna". Denn dort stand zu meiner übergroßen Freude das Wort „ 𐤀𐤉𐤀𐤉𐤋𐤖𐤀𐤑𐤐 ", was in etwa als „Fischtopf Genezareth" übersetzt werden kann. Und nicht nur das. Die ganz besondere Zubereitungsweise dieses Mahls ließ nur einen einzigen Schluss zu: Hier stand der Heiland selbst am Herd!

Fischtopf Genezareth

Zutaten: 1 Heilbutt, 1 Pfund Muscheln, 12 Feigen (getrocknet), 1 Bund Mana, 1 große Küchenzwiebel, 1/2 Gral geweihtes Wasser, etwas Myrrhe.

Für die Marinade: Knoblauch, Salz, 1/2 Schwamm Essig, mehrere Senfkörner Hoffnung.

Zubereitung

**AMEN, ICH SAGE EUCH:
SELIG SIND DIE, DIE DÜRSTEN NACH GOTTES WORT.
DOCH AUCH DIE, DIE HUNGERN NACH GOTTES
„FISCHTOPF GENEZARETH", SOLLEN ERHÖRT WERDEN.**

So nehmt denn eine Handvoll getrockneter Feigen, heilet sie von ihren Druckstellen und reinigt die Muscheln von Bartfäden, Sand und Lepra. Die Zwiebel wird gedünstet mit fein gehacktem Mana. Nun nehmt einen halben Gral Wasser, verwandelt es in einen leichten Moselwein und löschet das Ganze damit ab. Rühret sanftmütig die Muscheln unter, gebet die Feigen dazu, würzet alles mit etwas Myrrhe und Senf. Lasset schmoren das Ganze im Ofen bei 180 Grad. Und wenn der Hahn dreimal gekräht hat, ist der Muschelsud vollbracht!

Wendet Euch nun dem Heilbutte zu und erlöset ihn von seinen Gräten. Marinieret ihn mit Essig und Knoblauch. Geizen sollt ihr nicht mit Knoblauch, denn selig sind die, die stinken in meinem Namen.

Doch sollt ihr widersagen dem Salze, nie sollst du den Fisch salzen, bevor du ihn brätst. Und tust du es doch, so bist du des Teufels. Brate den Fisch über einem brennenden Dornbusch bei mittlerer Temperatur (Stufe 5), und erst dann komme das Salz auf den Fisch herab, damit sich erfülle wie es geschrieben steht: *„Denn siehe, er salzte den Fisch erst, nachdem er ihn briet."* Nun endlich vereine man Fisch und Muschelsud im Namen des Herrn. Und was der Herr vereint, das soll der Mensch nicht trennen. Man spreche den Segen, breche das Brot und wer frei ist von Sünde, der werfe den ersten Croûton. Verzehret dies alles sehr heiß und noch vor der neunten Stunde. Der Kostenaufwand für zwölf Gäste liegt bei circa 40 Silberlingen. Suppe nach unserem Herrn. Amen!

Das Lüsterne Huhn

Die Geschichte der **männlichen Erektion** ist eine Geschichte voller Widersprüche. Denn was haben die Herren der Schöpfung nicht von jeher alles auf sich genommen, um der Scham der Unmannbarkeit zu entkommen! Natürlich, heute gibt es Viagra, dem Sexualtrieb sind damit, wenn keine finanziellen Hindernisse bestehen, auch keine altersbedingten Grenzen gesetzt. Früher dagegen hatte ein Mann durchaus einiges auf sich zu nehmen, wenn er entgegen dem Willen des Eros seinen Liebesstachel beschwören wollte. Als ein besonders rabiates Mittel sei an dieser Stelle die sogenannte *„Spanische Fliege"* genannt, ein Käfer, der den Stoff Cantharidin produziert. Dieser bringt

español?

zwar den gewünschten körperlichen Effekt, die Nebenwirkungen dieser Rosskur sind jedoch beachtlich: Atemnot, Schwindel, Herzrasen bis hin zum kompletten Kreislaufstillstand! Was nützt da die knackigste Karotte zwischen den Beinen, wenn man beim Karnickeln im Koma liegt? In Japan gilt ja der Verzehr von Tigerpenissen als todsicheres Potenzmittel, in Spanien kann man nach dem Stierkampf die Hoden des besiegten Stieres kaufen, auch das soll gut sein für die „Cochones"[1]. Fragt sich nur: Was bekommt eigentlich der Stier, wenn der Torero mal verliert?

1 Cochones (span. Cojones) bedeutet Testikel. Geschmacklich ist dieses Organ nicht jedermanns Sache. Am Besten nähern sich Wissbegierige dieser Delikatesse als „Cojones alla romana", also „frittierte Hoden mit sehr viel Aioli".

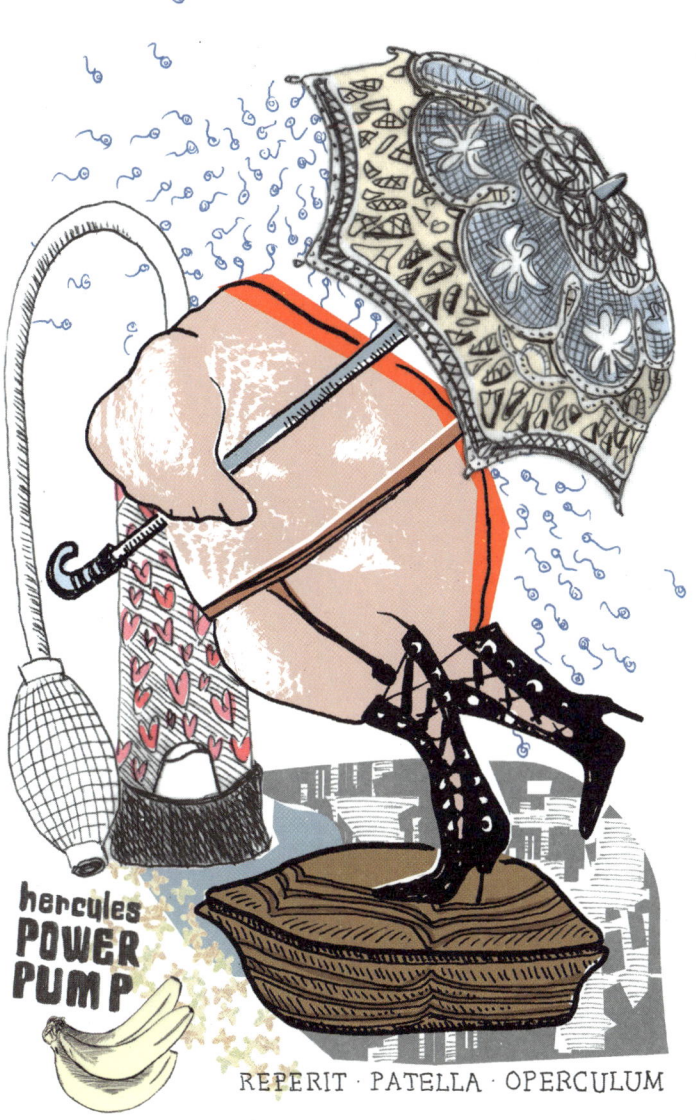

REPERIT · PATELLA · OPERCULUM

hercules POWER PUMP

Hinter all dem steht die Vorstellung, dass die Kraft des entsprechenden Tierorgans beim Verzehr auf den Menschen übergeht. Absurd, oder sind Sie etwa schon mal vom Mittagstisch am Hühnergrill anschließend nach Hause geflogen? Dieser abergläubische Unfug hat auch noch fatale Folgen: Das asiatische Rhinozeros ist beinahe ausgestorben, weil Chinesen glauben, der Nasenfortsatz der Rhinos lasse ihre Sojasprossen sprießen.

Wie kommt man denn auf so etwas? Warum Menschen in Tigerpenissen Liebeskräfte vermuten, ist ja grundsätzlich noch nachvollziehbar, denn wer würde nicht gerne ein Tiger im Bett sein?
Aber einen tonnenschweren Dickhäuter neben sich … Da sagen
doch viele Frauen: Nein danke, ich habe schon genug Probleme
mit meinem eigenen Gewicht! Und damit kommen wir zu einem
viel wesentlicheren Problem: Denn nur, weil der Mann kann,
heißt das noch lange nicht, dass die Frau auch will.

Als Mann nimmt man dann auch gerne mal die Hilfe eines
sogenannten Aphrodisiakums in Anspruch, um nicht die eigene
Lust, sondern die Begierde der potenziellen Sexualpartnerin zu
steigern. Und spätestens ab hier wird die Suche nach probaten
Mitteln wirklich verzweifelt ... Wenn man genauer hinschaut,
bleibt eigentlich nur noch eine Frage offen: Welchen Speisen und
Getränken wurde im Laufe der Jahrhunderte keine erotisierende
Wirkung zugeschrieben?

Dabei gibt es gerade mal ein einziges Nahrungsmittel, bei dem die wollüstige Wirkung auch wissenschaftlich fundiert bewiesen wurde: die Trüffel! Dieser unterirdische Pilz produziert einen überirdischen Stoff, ähnlich dem Sexualhormon Androstenon, und dieses Zeug wirkt absolut antörnend. Aber leider nur bei Schweinen! (Danke, Mädels, spart Euch die Witze.)

Sollte man als aufgeklärter Liebhaber deshalb vornehmlich auf kulinarische Erotika verzichten und wieder Zeit, Geld und Kraft in eher konventionelle Werbemittel stecken? Doch was ist, wenn uns Blumen, Pralinen und Liebesbriefe bei den Damen unseres Verlangens auch nicht zum Schuss kommen lassen? Wäre es dann vielleicht nicht einfach besser, dieses ganze Sex-Ding völlig bleiben zu lassen und als einsamer Eremit in ein griechisches Bergkloster zu ziehen, wo man zwar allein, aber wenigstens in Würde dahinsiechen und sterben kann ... Bitte, meine Herren, werfen Sie Ihre Flinte nicht zu schnell ins Korn! Aphrodisiaka wirken, aber eben ganz anders als allgemein angenommen wird. Schaut man sich die Palette potenzieller Lustförderer an, wird man feststellen, dass viele etwas gemeinsam haben: Sie besaßen einst – oder besitzen noch heute – eine auffallende Exklusivität! Pfeffer und Muskatnuss wurden früher mit Gold aufgewogen. Der Ausdruck „Paradiesapfel" lässt erahnen, dass die Tomate im späten Mittelalter sicher kein billiges Vergnügen war. Und Kaviar und Trüffel werden heute noch aufgrund ihrer immensen

Preise dem Gast nur in homöopathischen Dosen gereicht. Man kann sagen, alle diese kulinarischen Liebesmittel umwehte – oder umweht – von jeher ein Hauch verruchter Dekadenz. Und dieser Umstand vermag die Angebetete vielleicht nicht physiologisch, aber zumindest psychologisch zum Kochen zu bringen. Schon der alte Casanova sagte: „Jede Frau ist für gutes Essen anfällig!" Seiner Ansicht nach ist es nicht entscheidend, was wir kochen, sondern wie wir kochen. Die Art der Zubereitung habe Einfluss darauf, ob das Essen gewürzt ist mit Amors süßem Gift oder aber wirkt wie ein Krug Eistee im Schritt ... „Gare dein Essen mit dem Feuer deiner Lenden!", das war sein Motto. Denn was viele Menschen nicht wissen: Giacomo Casanova war ein leidenschaftlicher Koch! Von ihm stammen so berühmte Rezepte wie:

Apfel im Schlafrock **Birne im Negligé** **Kirsche im Korsett**

Doch sein lukullischstes Meisterstück ist sicherlich: „das Lüsterne Huhn"! Es wird gemunkelt, dass Casanova mittels dieses Gerichts die Äbtissin des Karmeliterklosters in Monferrato derart heftig in Fahrt gebracht hat, dass sie im Eifer des Gefechts nicht nur Casanovas Huhn, sondern auch große Teile seines linken Ohrläppchens verschlungen haben soll. Nachfolgendes Rezept fand ich im Nachlass des Grafen Waldenstein, auf dessen Schloss Casanova als Bibliothekar seinen letzten Lebensabend verbrachte.

Zur Vorbereitung der Füllung wird ein altbackenes Brötchen sanft in Milch gebadet und zärtlich zwischen den Fingern zerdrückt. Dazukommen etwas Liebstöckel und eine fein gehobelte Schalotte. (Es kann auch ein anderes Gemüse sein, Hauptsache es klingt nach einem hübschen Frauennamen.) Nun füge man etwas steife Sahne hinzu. Einen besonders wollüstigen Geschmack erhält die Füllung, wenn man beim Vorbereiten eine kleine Arie trällert, wie zum Beispiel „Belle Erezione" von Ferkellozzi. Und wenn im Lied ertönt *„Cessa, crudel, tanto rigor! Caro mio ben ..."*, dann reiße man der Banane unter lüsternen Blicken die Schale vom Leibe und streichle sie in kreisenden Bewegungen unter die restliche Füllmasse.

Das Lüsterne Huhn
= Zutaten =
1 junges Huhn
1 altes Brötchen
1 Schalotte (Edelzwiebel)
1 Kochbanane
1 Prise Liebstöckel
Salz, Pfeffer
Paprikapulver (scharf)
etwas Mehl, etwas Milch,
etwas Sahne
Grand Marnier

KOMMEN WIR NUN ZU DEM HUHN, DEM GEILEN STÜCK!

Brust und Schenkel werden sanft mit Salz und Öl massiert. (Aber Obacht: Hierdurch wird das Ganze etwas schlüpfrig ...) Das Geflügel wird nun mit Paprika, Pfeffer und durch Zurufen einiger schmutziger Tiernamen ordentlich scharf gemacht. Man bereite ein Bett aus Mehl, worin sich das junge Ding ausgelassen wälzen kann. Nun wird unter leichtem Gurren die Fülle in die Körperhöhle eingeführt. Anschließend alles für eine Stunde bei 180 Grad in den Ofen geben. Das Ganze immer wieder mit etwas Fond bestreichen, damit der Braten in der Röhre schön feucht bleibt. Knistert die Haut unter deinen Fingern, ist das Tier fertig. Nun wird das Huhn tranchiert und warm gestellt. Als Beilage bereite man eine Masse aus fünf Teilen Mehl und einem Teil Ei vor, welche man vor Verzehr natürlich gründlich durchnudelt.

Doch der eigentliche Höhepunkt kommt erst noch: Nach getaner Arbeit lege man sich nackt auf einen Servierwagen und warte auf die Dame des Verlangens. Sobald diese den Raum betritt, werden die saftigsten Stücke des Lüsternen Huhns mit etwas Grand Marnier im eigenen Bauchnabel flambiert. Wenn Sie nun so leidenschaftlich brennen, wird auch das sinnlichen Reizen gegenüber unempfindlichste Geschöpf sich der Liebe ergeben und vor Verlangen dahinschmelzen ...

DER GEKOCHTE KOCH

Essen kann tödlich sein: Schätzungen zufolge sterben Millionen Menschen an den Folgen falscher Ernährung. Wir essen zu fett, zu süß, zu salzig und: viel zu viel! Es heißt, dass jeder zweite Deutsche an Übergewicht leidet. Sportlehrer beklagen, dass bei vielen Schulkindern eine einfache „Rolle vorwärts" gar nicht mehr möglich ist, denn wenn ein Kind heutzutage erst mal ins Rollen kommt, kann es keine Mauer mehr aufhalten.

Mittlerweile bedroht die deutsche Dickleibigkeit sogar die Wehrfähigkeit dieses Landes: Statistisch betrachtet sind 40 Prozent der Bundeswehrsoldaten übergewichtig. Was unsere Luftwaffe aus dem Flugzeug wirft, sind keine Fallschirmjäger, sondern eher Kalorienbomben.

Wir sind mit diesem Dickerchen-Dilemma übrigens nicht allein:
Der US-Gesundheitschef Richard Cameron hat die Gewichtsprobleme seiner Mitbürger als eine größere Bedrohung für Amerika
bezeichnet als den internationalen Terrorismus. Zitat Cameron:
„Fettleibigkeit ist der Terror im Inneren". Demnach könnte
der Kampf der Kulturen in der Zukunft so aussehen: Amerika
bombardiert Burger King-Filialen, während Ronald McDonald
hasserfüllte Videobotschaften aus den Höhlen Tora Boras sendet.

Man sieht, die ganze Debatte trägt auch recht hysterische Züge.
Doch will ich hier nichts beschönigen, denn jede Form von
Nahrungsaufnahme kann gefährlich sein. Und ich denke da
nicht nur an Übergewicht, Gicht oder Arterienverkalkung, nein,
unachtsames Essen kann viel jäher den Tod bringen. Zum Beispiel ist dem Dichter Anakreon eine Weintraube so unglücklich
in die Luftröhre geflutscht, dass er erstickte. Buddha vergiftete
sich an verdorbenem „Sukaramaddavam". Das ist Sanskrit und
bedeutet: Trüffel. (Was übrigens ein recht eigentümliches Licht
auf das sonst so asketische Image dieses Religionsstifters wirft.)

Und den amerikanischen Präsidenten G. W. Bush hätte im Jahr 2002 beinahe eine verschluckte Brezel zur Strecke gebracht.

WAS UNS LEHRT:

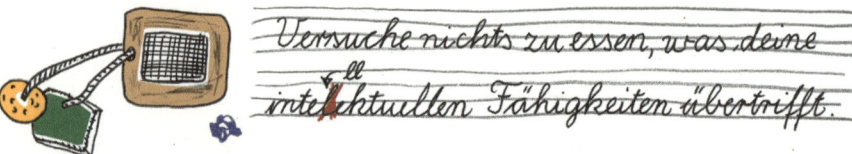

Versuche nichts zu essen, was deine intellektuellen Fähigkeiten übertrifft.

Die Welt des Essens steckt voller Heimtücke. Umso erstaunlicher ist, dass in verschiedenen Kulturen die Menschen beim Essen bewusst eben jene Bedrohung von Leib und Seele in Kauf nehmen und mehr noch: Gerade auf meinen Reisen durch Japan durfte ich immer wieder feststellen, dass dort viele verwegene Schlemmer die Gefahr nahezu suchen. Sei es aus reinem Nervenkitzel oder weil sie in der Tradition der Samurai ihre Tapferkeit vor dem Koch demonstrieren wollen. So ist die phonetische Ähnlichkeit von „Seppuku" und „Fugu" durchaus kein Zufall. Denn „Seppuku" ist die „Kunst der fachgerechten Selbstentleibung" und „Fugu" ein Kugelfisch, dessen Gift einen Menschen innerhalb kurzer Zeit töten kann. Irritierend, dass sich dieses Tier unter japanischen Leckermäulern allerhöchster Beliebtheit erfreut und ein tragisches Schicksal für den Kugelfisch, der mit diesem Gift eigentlich versucht hat, sich vor Fressfeinden zu schützen. Jetzt ist seine eigene Tödlichkeit dafür verantwortlich, dass seine Art vom Aussterben bedroht ist. Aber gegen die irrationale Idiotie des Menschen sind vernünftige biologische Systeme einfach chancenlos.

Bis auf Gammelfleisch oder Dioxin-Eier gibt es in Europa kaum
noch Gerichte, bei deren Verzehr der Gast vorsätzlich mit seinem
Leben spielt. Doch dem war nicht immer so ... Dieser Ansicht
ist zumindest mein alter Freund Hans Darmstädter, ein Wissenschaftler von großem Renommee, der nicht nur Inhaber des
Lehrstuhls für forensische Medizin in St. Gallen, sondern einer
der bedeutendsten Gastro-Pathologen unserer Zeit ist. Er war der
Erste, der eine umfassende **„Kulturgeschichte der Flatulenz"**
herausgebracht hat, ein faszinierendes Werk, in dem er unter
anderem beweist, dass der Prager Fenstersturz, und damit der
Beginn des Dreißigjährigen Krieges, seine Ursache nicht in den
unüberwindbaren Gegensätzen zwischen Protestanten und Katho-
liken hatte. Die Darmwinde, mit denen die kaisertreuen Statthal-
ter auf Betreiben Ferdinands II. vorsätzlich die Verhandlungen zu
stören versuchten, waren der eigentliche Grund für den unsanften
Verweis aus den Räumlichkeiten! Das nur als Beispiel, wie gefährlich falsche, in diesem Falle sogar böswillige Ernährung sein kann.

DEFURZTRATION

Zum geilen Bock

Darmstädter vermutet, dass es Mitte des 17. Jahrhunderts eine Zeit gegeben hat, in der sich kleine gesellschaftliche Kreise bei Wein und sündhaft teuren Gerichten in Schmerz, Pein und Todesgefahr gesuhlt haben. Er bezeichnet diese Epoche als die sogenannte **„CUISINE NOIRE"**, also die „Schwarze Küche". Grund für seine Annahme ist der gemeinhin bekannte Briefwechsel zwischen dem legendären Marquis de Sade und seiner viel geschändeten Schwägerin Anne-Prospère. Ab dem Jahre 1798 schwärmte der Begründer des Sadomasochismus immer wieder von ausschweifenden Orgien im Gasthof „Zum geilen Bock", dessen Küchenmeister ein gewisser Jacques Jacomo Tourtour war. De Sade war von diesem Mann so begeistert, dass er ihn später als seinen persönlichen Leibkoch engagierte.

Immer auf der Suche nach Kapriolen und Wahnwitz menschlicher Kochkunst zog es mich nach Paris, um der Frage nachzugehen: Wer war dieser Tourtour und sind von seinem Schaffen Zeugnisse erhalten geblieben? Meine Nachforschungen ergaben, dass Tourtour seinen Lebensabend in der geschlossenen Irrenanstalt Charenton-Saint-Maurice beschloss, jenem Ort, wo auch sein Meister, der Marquis, seine letzten schmutzigen Atemzüge aushauchte. Die Zelle des dunklen Küchenmeisters zu bewundern, ist eines der touristischen Bonbons von Saint-Maurice und sollte auf keiner Urlaubsliste fehlen. Ich inspizierte dieses schimmlige, feuchte Kerkerloch genau. Bald fand ich hinter einem lockeren Ziegelstein ein Schriftstück. Das war nicht weiter verwunderlich, da sich in solcherlei Etablissements grundsätzlich Dinge hinter lockeren Ziegelsteinen zu verstecken pflegen. Doch der martialische Titel dieses morschen Manuskriptes ließ mich aufmerken: „120 Rezepte aus Sodom – Bekenntnisse eines paralytischen Kochs!" Der Verfasser gab sich mit gequälter Handschrift als Jacques Jacomo Tourtour aus. Bingo!

Ich stürzte mich begierig auf meine Entdeckung und wurde bald geschüttelt von heftigem Schaudern, denn Tourtour entwirft in diesem kulinarischen Hexenhammer Gerichte von ausgewählter Grausamkeit. Er beschreibt darin allein 666 Methoden, mit denen man ein Hähnchen so brutal braten kann, dass es letztlich erst beim Tranchieren verstirbt. Seine eigene Meinung dazu:

„ICH PERSÖNLICH TÖTE NIEMALS TIERE. DAS NIMMT DEN SPASS BEIM ESSEN!"

666x

Tourtour mag wohl der einzige Koch gewesen sein, der seine Todessehnsucht in einem Rezept festgehalten hat. Dieses Werk stellt sicherlich den Höhepunkt der „Cuisine noire" dar und vereint alles, was ein gutes, sadomasochistisches Mahl haben muss: Es ist böse, es ist grausam und es ist absolut schmerzhaft. Das Gericht trägt den einfachen Namen: „Cuisinier cuit – der gekochte Koch".

ZUTATEN

*500 g Spargel, 250 g Champignons,
3 Kartoffeln, 2 große Tomaten,
1 mittelgroßer Küchenjunge,
1 kleinere Magd (durchwachsen),
grobes Meersalz, Zitronen und Petersilie,
Saft von zwei Blutorangen.*

Der Spargel wird geköpft. Die Champignons geviertelt. Die Petersilie gehackt. Den Kartoffeln die Augen ausgestochen. Die Tomaten werden erst überbrüht, dann gehäutet, schließlich unter hämischem Lachen die Kerne aus dem blutigen Fruchtfleisch gerissen. Nun erhält der Küchenjunge ohne ersichtlichen Grund zwölf Rutenhiebe auf den nackten Hintern. Das geschundene Gemüse wird mit einem Schuss Weißwein und dem Saft einer Blutorange in eine große Ofenform gequetscht. Nun heize man den Backofen auf 220 Grad vor und entkleide sich vollständig. Der eigene Leib wird mit einem Schnitzelklopfer tüchtig malträtiert und dann unter leichtem Röcheln grobes Salz und Zitronensaft in die offenen Wunden gerieben.

Zur Dekoration wird mittels einer spitzen Metallnadel ein Bratapfel auf der Kopfhaut drapiert. Nun peitsche man die Magd auf ihre nackten Schenkel. Anschließend besteige man einen sarggroßen Römertopf, lasse sich von Magd und Küchenjungen in den Ofen schieben und brate sich selber bei 200 Grad schön knusprig. Garzeit ist abhängig vom Gewicht, schätzungsweise 20 Minuten pro Pfund zu kochendem Koch.

APFEL-KÜCHLEIN im J-A-M-B-E-N-Bett

Die deutsche Küche gilt als deftig, schwer und alles in allem recht uninspiriert. Und meiner Auffassung nach nicht ganz zu Unrecht, denn der rohe und achtlose Umgang mit Essen spiegelt sich schon in unserer Sprache wider. Begriffe aus der Welt der Nahrungsmittel werden hierzulande gerne benutzt, um sein Gegenüber zu beleidigen und zu diffamieren. Traurige Beispiele hierfür sind: Suppenkasper, Hanswurst, Trauerkloß und beleidigte Leberwurst.

Was soll denn dieser Unfug? Wie beleidigt man denn bitte eine Leberwurst, indem man sie pauschal zusammen mit einer Blutwurst in einen Topf wirft? Wie kann eine Tomate treulos sein – oder hat eine Tomate Sie jemals betrogen, sagen wir, mit einer feurigen Paprika? Noch nie ist ein Früchtchen frech zu mir gewesen und noch nie, nie hat eine Zitrone, und war sie noch so sauer, mir gegenüber den nötigen Respekt vermissen lassen. Oder denken Sie an den Ausruf: „Das ist mir Wurst!" Welch unpassende Phrase, um gleichgültiges Desinteresse auszudrücken! Wie kann der sublime Genuss einer rösch gebratenen Merguez[1] aus zartem Lammfleisch einem Menschen mit einigermaßen funktionstüchtigen Geschmackspapillen einfach nur Wurst sein? „Das ist mir Haferschleim!" ist ein Ausruf, den ich voll unterstützen kann. Aber Wurst ist mir eben nicht nur Wurst.

[1] Hierbei handelt es sich um eine scharf gewürzte Wurst, die in Frankreich sehr beliebt ist. Dabei stammt sie eigentlich aus der maghrebinischen Küche. Eins der vielen Dinge, die wir Europäer von den Afrikanern geklaut haben.

Andere Nationen haben da schon einen zärtlicheren verbalen Umgang mit ihrem Essen. So säuselt der verliebte Pariser seiner Angebeten ein **„MON PETIT CHOU!"** ins Ohr. Übersetzt heißt das „Mein kleiner Kohl!", und nicht, wie man vermuten würde, „Meine kleine Honigschnute!" oder „Mein süßer Erdbeermund!" Solch schnöde Banalität kann natürlich auch der plumpe teutonische Geist zusammenschustern. Seine Geliebte jedoch mit Begriffen aus der Welt lagerfähigen Wintergemüses zu umwerben – dahinter steckt ein raffinierter, überraschender Geist. Denn warum sollten lediglich Süßspeisen zur Liebkosung taugen? Locken Sie die Dame Ihrer Gunst doch mal mit einem lasziv dahin gehauchten „Mein essigscharfes Senfgürklein!" ins Bett. Ich habe mit „Du wildes, heißes Wirsing-Rouladchen!" schon beachtliche Erfolge in der Frauenwelt gefeiert.

Der Franzose weiß, dass man ein Gericht eben auch verderben kann, wenn es sprachlich degradiert und profaniert wird. Natürlich ist ein Schweinekotelett mit Pilzen und Kartoffelpuffern ein Schweinekotelett mit Pilzen und Kartoffelpuffern. Aber erst als „Echine de porc et ses champignons des bois accompagnés d'une galette de purée maison" erhält es wirkliche Raffinesse. Probieren Sie es aus: Essen Sie einmal ein „Halbes Hähnchen mit Pommes" – und dann ein „Poulet rôti avec ses pommes de terre frites à la belge". Sollten Sie den Unterschied nicht bemerken, verkriechen Sie sich wieder in die Höhle, aus der Sie gekrochen sind. Und nachdem, was wir mittlerweile über die Neandertaler wissen, wäre es sehr wahrscheinlich, dass Sie auch dort in hohem Bogen wieder rausfliegen würden. (Siehe: „Ragout vom Mammut".)

Bei der Zubereitung des Essens gilt das Gebot des geschliffenen Wortes nicht minder. Man kann eben seine Ente roh zerlegen oder fein tranchieren, man kann ein Ei ohne Schale in heißes Wasser schmeißen oder es elegant pochieren. Gerade von der französischen Küche gibt es da viel zu lernen, denn sie hält ein Füllhorn an Fachbegriffen bereit, für die der deutsche Laie immer noch auf sein germanisches Grunzen umsteigen müsste. Da wird degrassiert[2], chatiert[3], degorgiert[4], dessechiert[5], pariert[6], pikiert[7] und lardiert. „Lardieren" heißt, einen Hasenbraten mit Speckstreifen spicken. (Im Gegensatz zu „lädieren", was so viel bedeutet, wie ein Tier aus größerer Höhe fallen zu lassen.)

2 Entfernung von Fett aus Brühen und Soßen.
3 Herausziehen des Darmes aus lebenden Schalentieren.
4 Enthefung von Schaumwein oder Sekt.
5 Lebensmittel bzw. Zubereitungen abtropfen lassen, trocken tupfen oder über kleiner Flamme dörren.
6 Das Befreien des Fleisches von Sehnen und Häuten.
7 Bei Fleisch: Würzende Zutaten mittels Pökelspritze einbringen. Bei Teig / Käse: Einstechen mit Gabel, Spick- oder Pikiernadel.

Lädiert.

Damit ein Huhn im Ofen eine entsprechende Haltung einnimmt, wird es vom Küchenchef mit Hilfe eines Fadens zusammengeschnürt. Der Fachmann redet hier von „dressieren", was sehr schön den derben Humor französischer Köche wiedergibt: Ist es doch äußerst schwierig, ein Tier zu dressieren, dem man gerade den Kopf abgeschlagen und die Eingeweide aus dem Körper gerissen hat!

Viele dieser Begriffe kann man übrigens spielerisch in sein Privatleben übertragen. Mein Vorschlag: Sagen Sie zu Ihrer Frau an Ihrem Hochzeitstag: „Unsere Liebe mijotiert mit derselben Flamme wie eh und je." Das klingt doch viel schöner als „Unsere Ehe köchelt bei mäßiger Hitze im eigenen Saft." Die Liebe frankophoner Köche zur Sprache erklärt sich aus der Tatsache, dass die Zubereitung von Essen in Frankreich seit jeher als Teilgebiet der Poesie betrachtet wurde. Denken wir an den Koch Raginou, dem Edmond Rostand in dem tragisch-komischen Stück „Cyrano de Bergerac" ein ewiges Denkmal gesetzt hat. Für Raginou waren Kochrezepte derart kunstvolle Preziosen, dass er sie immer in Reimform verfasste und seine Liebe zur Poesie ging soweit, dass er einmal ein Nusstörtchen mit Fisch buk, bloß weil sich „Dorade" nun mal so schön auf „Marmelade" reimt.

Noch heute gibt es Spitzenköche, deren Gerichte nicht nur kulinarische, sondern auch literarische Meisterwerke sind. Im Restaurant **„Oxymore d'or"** (franz.: „Zum goldenen Oxymoron")
in Lyon darf der Gast ein literarisches Stilmittel von der Speisekarte auswählen, nach dessen Charakteristika dann gekocht
wird. Ich habe dort eine wirklich vorzügliche alliterierende
Geflügelterrine gegessen, deren Rezept noch heute goldumrahmt
über meiner Messerbank hängt: „Gesalzene Gelatine geliert
gut gewürzten Geflügelsud. Gebe gegrillte Gans, geschmolzenes
Gemüse, galant garnierte gesottene Garnelen ..." und so weiter.

Das lyrische Rezept ist als literarische Gattung in Deutschland
fast vergessen. Überaus bedauerlich, ist doch bekannt, dass gerade
die Klassik durch deutsche Köche entscheidend mitgeprägt wurde.
Mehr noch, jeder halbwegs versierte Kunsthistoriker wird Ihnen
bestätigen, dass die Hauptwerke der mitteleuropäischen Literatur
fast ausnahmslos kulinarische Vorlagen hatten. Denken wir zum
Beispiel an Parzival auf der „Suche nach dem heiligen Aal" von
Wolfsbarsch von Essensbach oder an „Erdbeeren aus Chili" des
schwäbischen Koches Heinrich von Dreist. Ohne „Emilia Sarotti"
von Gotthold Ephraim Dressing hätte die Aufklärung das Land
der Dichter und Denker sicher nie erreicht. Dass diese Werke aus
dem Kanon deutscher Geistesgeschichte rausgefallen sind, ist eine
Schande, stellen sie doch erst das Fundament dar, auf dem sich
eine eigenständige deutsche Literatur entwickeln konnte. Absolut
unverständlich ist mir, dass sich unsere Schüler heute aber dennoch mit den Nachahmern und Nachäffern dieser großen Männer
rumschlagen müssen, statt sich mit den Riesen zu beschäftigen,
auf dessen Schultern literarische Zwerge wie Goethe oder Eichen-
dorff standen. Der übelste Plagiator deutscher Kochbücher war
natürlich Friedrich Schiller. Nennen Sie mir ein einziges Werk,
das nicht eindeutig von einem Kochbuch abgeschrieben wurde?
„Der Wallnusskeim", Hauptwerk des großen Salateurs Freiherr
von Eichblatt, wurde sämtlicher Nährstoffe beraubt und schamlos
zu einem nervtötenden, pathologisch-pathetischen Possenspiel
des Dreißigjährigen Krieges umgereimt. Das höchst lehrreiche

SCHILLER ODER

GLOCKE?

Sinnstück über Resteverwertung in der Küche „Farfalle und
Griebe" von Christian Gallert wurde zu einer kleinbürgerlichen
Schmonzette verwurstet. Am schlimmsten traf es natürlich Wil-
helm Tell. Wie oft wäre ich gerne schon im Theater aufgesprun-
gen und hätte gezürnt:

*„Du lügst, Friedrich Schiller! Dieser Apfel wurde nicht mit Pfeilen
gespickt, sondern mit glasierten Mandelspitzen, denn so steht es
geschrieben bei Johann Gottlieb Früchtegott!"*

Dass diesem Schiller mit der gleichnamigen Schillerlocke auch
eine Spezialität aus geräuchertem Dornhai vermacht wurde,
erfüllt mich immer wieder mit heiligem Zorn. Hauptopfer dieser
ruchlosen Machenschaften war Johann Sebastian Glocke, höchst
ehrwürdiger Koch zum „Geleimten Krug" in Leipzig. Kennen Sie
wahrscheinlich nicht. Natürlich nicht, denn warum sollte man
sich eines Genies erinnern, das Meisterwerke erschuf wie „Ode
an den Sauerbraten", „Sauerrahms Nachtlied" oder „Ballade
vom standhaften Soufflé". Warum sollte man über die Schönheit eines in daktylischen Hexametern verfassten Rezeptes für
griechischen Bauernsalat meditieren? Da lässt man lieber seine
verzogene Brut unter halbdebilem Seufzen Fritze Schillers „Lied
von der Glocke" daherstammeln – natürlich auch geklaut. Dieses
Werk wurde bereits 1785 unter dem Titel „Lied von der Flocke"
von Glocke geschaffen, also fünf Jahre vor Erstauflage von Schillers armseligem Schüttelreim-Sammelsurium. Vielleicht ist die
Ähnlichkeit dieser beiden Werke nur Zufall, doch existiert tatsächlich eine Rechnung, die beweist, dass Schiller im „Geleimten
Krug" 1789 eine Schweinshaxe gegessen hat. (Und die Hax'n hat
dieser Kretin übrigens bis heute nicht bezahlt.) Deshalb an alle
Studienräte da draußen: Zerreißen Sie Ihre Schulbücher! Das nun
folgende Gedicht legte den Grundstein für die deutsche Klassik
und nicht das Gekritzel dieses schwindsüchtigen Marbacher
Schmierfinken. Und wenn Sie dann immer noch Herrn Schiller
einem Glocke vorziehen, hat weder die deutsche Küche noch die
deutsche Sprache einen Ignoranten wie Sie verdient.

FLOCKES FLOCKE

ZUTATEN

Äpfel drei
Viermal Ei
Mehl, ganz fein
Süßen Wein
Butter, frisch
Keinen Fisch
Mit Anis
Wird es fies
Nimm doch Zimt
Und es stimmt.

ZUBEREITUNG

Wie sich schon die Küchlein bräunen
Dieses Stäbchen steck ich rein:
Sehn wir Krümel dort nun hängen
Wird das Backwerk fertig sein.
Jetzt Gesellen nur
Prüft mir die Glasur.
Dass das Mürbe mit dem Weichen
Sich vereint zum guten Zeichen.

Bis die Flocke sich verkühlet
Lasst die strenge Arbeit sein!
Und den Rest vom Küchenwein
Haut Euch in die Köpfe rein.
Winkt der Sterne Licht
Ledig aller Pflicht
Kann man einen Bissen wagen
Und zum Herrgott „Danke" sagen!

Hier wird der aufmerksame Leser sicher fragen: „Wollten Sie, Herr Weber, nicht ein Buch über unmögliche Gerichte schreiben?"

Die Antwort ist ganz einfach: Bedauerlicherweise hat Glocke in seinem schöpferischen Drange das Backpulver vergessen. Viele Kunsthistoriker sind deshalb der Ansicht, dass diese Küchlein von Glocke nie gebacken worden sein können. Mag sein, doch schmälert dies den dichterischen Genuss und die epochale Wirkung für die geistige Geschichte Deutschlands nicht im Geringsten.

Fest gemauert in die Küche
Steht der Herd aus Lehm gebrannt.
Heute muss die Flocke werden
Frisch, Ihr Köche, seid zur Hand!
Von der Stirne heiß
Rinnen muss der Schweiß,
Soll der Gast die Küchlein loben
Sonst landen sie im Schweinekoben.

Nehmet Mehl vom Weizenkorne
Fein gemahlen muss es sein
Türme das zu einem Berge
Schlage Butter nun hinein.
Zucker! Zimt! Herbei!
Apfel! Wein! Und Ei!
Knete nun die Flockenspeise
Mürbe nach der rechten Weise!

Bevor das Backen kann beginnen
Bedarf es noch der rechten Form.
Der Teig getrennt in kleine Teile
Aus jedem macht ein kurzes Horn.
In den Ofen hinein!
Stellt die Backzeit ein!
Damit erfülle sich die Luft
Mit dem weihnachtlichen Duft.

Einer meiner Freunde aus den philosophischen Salons von Madame Ducasse-Robuchon im Paris des 17. Jahrhunderts, René à la carte, schrieb einst den epochemachenden Satz: **„ICH ESSE, ALSO BIST DU."**

Er fasste damit als Erster die Entfremdung des aufgeklärten Subjekts von seiner Nahrung in ein komplexes epistemologisches Theorem. Salopp und, mit Verlaub, besser formuliert: Woher soll ich wissen, wer ich bin, wenn ich nicht weiß, was ich esse?

Und da hat der moderne Mensch ein tiefes existenzielles Problem: Haben Sie wirklich das Gefühl, immer genau zu wissen, was Sie essen? Gehen Sie in den Supermarkt und greifen Sie nach einer Packung Tütensuppe. Sie werden feststellen, schon die Zutaten lesen sich, als habe Marie Curie persönlich zum Kochlöffel gegriffen. Die Tüten-Rückseite berichtet von hydrolysierten Proteinen[1], reaktionsaromatisiertem Rindfleisch und Sellerie – explosionsgetrocknet[2]! Was man daraus zubereitet? Flädlesuppe Hausfrauen Art! Ich kann Ihnen versichern, meine Mutter war auch Hausfrau. Und doch hat sie relativ selten zu mir gesagt: „Sohn, meine hydrolysierten Proteine sind alle, bitte geh doch mal zur Nachbarin! Und bring gleich noch eine Tasse reaktionsaromatisiertes Rindfleisch mit! Ich werf derweil schon mal die Sellerie-Explosionstrockenkammer an."

Sind wir mal ehrlich: Wir haben keinen blassen Schimmer, was wir essen! Dass in einem Erdbeer-Joghurt für 39 Cent keine echten Erdbeeren drinstecken und der Geschmack durch Aroma-

stoffe gewährleistet wird, ist noch nachvollziehbar. Jedenfalls
so lange, bis man herausfindet, woraus das Erdbeer-Aroma im
Joghurt gewonnen wird? Aus Sägemehl! Das aber steht natürlich nirgends geschrieben, denn wer kauft schon gerne einen
Joghurt der Geschmacksrichtung Strawberry-Nutzholz?

Die Welt der Lebensmittelchemie ist eine Welt der Wunder. Ein
befreundeter Nobelpreisträger für Chemie hat mir mal gesagt:
Damit eine Frühstücksflocke nach fünf Minuten Milchbad
immer noch „crunchy"[3] ist und nicht als glibberiger Weizen-
schleim zerfließt, braucht es einen so immensen Aufwand,
also, rein technisch betrachtet seien die Amis im Jahr 1963 mit
weitaus weniger zum Mond geflogen. Ich schlussfolgere: Die
Entwicklung eines Landes erkennt man an seinen Frühstücks-
Cerealien. Nordkorea hat vielleicht die Atombombe, aber bei
modernen Weizenflocken hinkt es Meilen hinterher. (Zumal
die Nordkoreaner dafür auch erst einmal Weizen bräuchten …)

1 Bei der Hydrolyse werden Proteine mittels Salzsäure gespalten.
Das klingt sehr chemisch, doch
macht unser Magen im Grunde
mit Eiweißen genau dasselbe,
allerdings nach dem Essen.

2 Beim Explosionsverfahren wird
Sellerie tiefgefroren und dann
unter Druck sehr schnell aufge-
taut. Dadurch wird das Wasser in
den Zellen schlagartig dampfför-
mig und sprengt die Zellwände.
Alternative Methoden zur Explo-
sionstrocknung sind effektiver,
hinterlassen aber ein unangeneh-
mes Aroma von Trinitrotoluol und
entvölkerte Landstriche.

3 „Crunchy" ist eine Mischung aus
„Crispy" und „Cracky", aber mehr
Richtung „Nutty".

frei nach J. E. Waller

Heißt das nun, dass man auf dem Weg zur höheren Selbsterkenntnis auf industrielle Fertigprodukte verzichten sollte? Ich will ganz ehrlich sein: Manchmal, wenn ich von meinen kulinarischen Entdeckungsreisen heimkomme, abgefüllt mit schweren Braten, feinen Parfaits und edlen Burgundern, gemästet mit Soufflé, Haschee und Sorbet, dann sehne ich mich einfach nur nach einer simplen Portion lauwarmer Ravioli, direkt aus der Dose gelöffelt. Denn bei aller berechtigter Skepsis gegenüber industriell erzeugten Nahrungsmitteln sollten wir nicht vergessen: Die Lebensmittelchemie hat sich um die Menschheit verdient gemacht. Chemiker wie Julius Maggi waren nicht nur Meister ihres Fachs, sie waren darüber hinaus auch soziale Pioniere. Ende des 19. Jahrhunderts war die Ernährungslage der Fabrikarbeiter katastrophal, die Arbeiterinnen fanden nicht mehr genug Zeit zum Kochen. Es wurde entweder gar nicht

warm gegessen oder der Hunger im Alkohol ertränkt. Mangel-
erkrankungen, Unterernährung und hohe Kindersterblichkeit
waren die Folgen dieser Misere. Erst Maggis Suppenwürze aus
Leguminosenmehl ermöglichte es den einfachen Arbeitern, sich
eine schnelle, billige, warme und nahrhafte Mahlzeit zuzube-
reiten. Ich möchte nicht wissen, wie viele arme Studenten im
Examensstress noch heute verhungern müssten, gäbe es nicht
die schnell überbrühbaren Segnungen eines Justus von Liebig.
Denn dieser schuf mit seiner Trockenwürze erst die Grundlage
der modernen Tütensuppe.

Aber auch in anderen Wissenschaften hat sich gerade die Lebensmittelchemie ihre Lorbeeren verdient. So statteten deutsche
Unternehmen Ende des 18. Jahrhunderts sogar Polarexpeditio-
nen mit ihren Erzeugnissen aus. Es ist erstaunlich, aber die erste
warme Mahlzeit am Südpol war vielleicht eine Erbsensuppe aus
dem Hause Knorr.

frei nach A. Warhol

Und die moderne Raumfahrt wäre ohne Instantnahrung gar
nicht möglich. Ein Pfannkuchen lässt sich bei absoluter Schwe-
relosigkeit nicht wenden. Gerade wegen jener vielfältigen Verdienste ehre auch ich als erklärter Gourmet in regelmäßigen
Abständen die Lebensmittelchemie durch den Verzehr eines
ihrer Produkte. Und als passionierter Koch weiß ich auch: Selbst
gemachte Fertigprodukte schmecken einfach besser. Dies mag
sich vielleicht ein wenig verrückt anhören, aber mit etwas Übung
kann auch ein einfacher Laie aus einem Chemiebaukasten im
Handumdrehen eine bezaubernde Tütensuppe kreieren.

Ich sammle deshalb seit Jahren leidenschaftlich gern Rezepte
großer deutscher Lebensmittelchemiker. Eine besondere Preziose
habe ich dabei in den Archiven eines Pudding-Konzerns in
Bielefeld gefunden, eine Kochvorschrift aus der Hand Martha
Oetkers, den sie ihrem berühmten Enkel zur erfolgreichen
Promotion gekocht haben soll. Dies Rezept heißt „Ethylierter
Vanilleschaum".

ETHYLIERTER VANILLESCHAUM

Zutaten:

2 Tassen Wasser
2 Esslöffel (circa 15 Gramm) E 420
1 gestrichener Teelöffel E 330
1 Messerspitze E 814
1/10 eines Lots je von E 621, E 623, E 672
300 Quäntchen E 463
1 Prise E 104, E 172

Die geschmackliche Grundlage dieser leicht bekömmlichen Nachspeise bilden einige feine Aromastoffe, die man natürlich am Besten aus eigener Synthese gewinnt. Zunächst werden Ethylvanillin, Resorcindimethylether und Chininsulfat in einer Blechschüssel mit zwei Tassen Wasser schön schaumig geschlagen. Bitte halten Sie die Mengenangaben dabei genau ein, ein Gramm Ethylvanillin entspricht dem physiologischen Geschmackseindruck einer Vanilleschote von circa 100 Metern Länge und 20 Metern Breite. Eine Ausnahme ist das Chininsulfat, da kommt es auf ein paar Mikrogramm hin oder her nicht an. Nun wird das Ganze gesüßt. Dazu wird vorsichtig etwas Xylit unter die Masse gehoben. Bei Pentanpentol-Unverträglichkeit steige man auf Phenylalanin-Derivate um. Anschließend wird alles im warmen Wasserbad mit Alginat schön steif gerührt und mit einer Prise Chinolin auf ein sanftes Goldgelb gebracht. Fertig. Doch was wäre eine Süßspeise ohne frische Himbeeren? Dazu versetzt man etwas Gelatine mit Ethylformiat und färbe je nach Gusto mit Erythrosin. Gelatine klein schneiden und über die Masse geben. Nun ist der Schaum endlich ein Traum. Aber, liebe Kinder, nicht alles auf einmal!

RIEMERS Früchtekuchen

Was haben Otto von Bismarck und Wolfgang Amadeus Mozart gemeinsam? Richtig, beide haben die Ehre, Namensgeber überaus bedeutender, schmackhafter Köstlichkeiten zu sein. Es gab ein goldenes Zeitalter, da griffen die Menschen zum Kochlöffel, wollten sie einer ausgewählten Persönlichkeit öffentlichen Lebens ihre Hochachtung demonstrieren. Und so bereichern auch heute noch Sacher-Torte, Earl Grey Tea, Pfirsich Melba[1] und Kohl-Roulade unseren kulinarischen Kosmos.

Überaus erstaunlich ist, wie treffend manches Gericht den Charakter eines Menschen abzubilden vermag. So ist es kein Zufall, dass es nicht „Bismarck-Kugel" oder „Mozart-Hering" heißt. Denn sauer eingelegter Fisch erinnert nun mal eher an den strengen Charakter eines preußischen Staatsmannes. Ein süßes Konfekt dagegen passt eindeutig besser zu einem verzärtelten Komponisten, der täglich Kugeln gegen

[1] Pfirsich Melba ist eine heute etwas in Vergessenheit geratene Süßspeise, die der Opernsängerin Nellie Melba Ende des 19. Jahrhunderts gewidmet wurde. Sie besteht im Wesentlichen aus einem Pfirsich, Vanilleeis und Himbeersoße. Das klingt heute recht simpel, sorgte damals aber unter Gourmets für Furore.

die Syphilis schlucken musste. Aber nicht nur Menschen wurden geehrt, auch bedeutenden Ereignissen wurden mit Unterstützung von Speis' und Trank Monumente gesetzt. So leitet sich zum Beispiel der Name „Mayonnaise" von Menorcas Hauptstadt Mahón ab. Diese schwere Eiersoße wurde anlässlich der Besetzung der kleinen spanischen Insel durch die Franzosen im Jahre 1756 kreiert. Solcherlei „Gedenkgerichte" sind bei uns leider aus der Mode gekommen, zumindest kenne ich persönlich keinen „Mauerfall-Bananenkuchen" oder einen „Währungsreform-Schokoladentaler". Doch vielleicht haben Sie als Leser gar nicht gewusst, dass es wirklich mal einen Herrn Franz Sacher gegeben hat, nach dem eben jener tortenförmige Angriff auf Ihren Zuckerspiegel benannt ist? Das muss Ihnen jetzt nicht peinlich sein, denn viele historische Persönlichkeiten, deren Gerichte noch heute in aller Munde sind, wurden selber längst von der Geschichte verdaut und vergessen. Was würde wohl der Earl of Sandwich denken, wenn er wüsste, dass er nur noch als belegtes Brot im kollektiven Gedächtnis geblieben ist? Ein Lehrstück, das uns Demut lehren sollte: Der Mensch ist vergänglich, doch ein gutes Rezept währt ewig!

Aber bleiben wir hier bei der Wahrheit: Manche Gerichte wurden auch vorsätzlich aus dem kollektiven Gedächtnis gestrichen. Und deswegen will ich mich an dieser Stelle dem wohl dunkelsten Kapitel deutscher Kochgeschichte zuwenden. Denn auch wenn es die meisten Deutschen nicht wahrhaben wollen, die Zeit des Nationalsozialismus kannte noch ganz andere Spezialitäten ... Da genoss man nicht nur bei strammen Parteimitgliedern freitags traditionell den „Göringssalat mit Bratkartoffeln"[2], oder an kalten Winterabenden ein Gläschen „Röhmpunsch"[3]. Vor allem Hitlers Leibkoch, SS-Obersturmbann-Rührer Otto Riemer, überschlug sich mit kulinarischen Huldigungen zu Ehren des Führers, seine Rezepte sind gastronomische Fackelzüge. Da Hitler gerne fleischlos aß, widmete Riemer ihm allein 250 Varianten für Vollkorn-Frikadellen. Für seine Kreation „Grünkern-Bratling

2 Der Göringssalat besteht aus gehacktem Ochsenmaul und Bücklingen, die mit einem Dressing aus Branntweinessig und Lebertran angemacht werden. Ein schönes Beispiel für die Verblendungsmacht der Nazis. Schon hier hätte jeder klar denkende Mensch sehen müssen: Das ist Irrsinn.

3 Röhmpunsch ist ein alkoholisches Heißgetränk auf der Basis von Magenbitter, Enzianwurzeln und Altbier. Das Gebräu wurde nach der „Nacht der langen Fresser" 1934 verboten.

Stalingrad", die er am 21. Oktober 1941 zur Einnahme der Stadt erstmals in der Wolfsschanze briet, wurde ihm sogar das Eiserne Kreuz 1. Klasse verliehen. Es existiert aus dieser Zeit lediglich ein einziges Rezept, das nicht direkt dem Führer gewidmet ist: ein Hundekuchen für Blondie auf der Basis des pommerschen Urkorns. Und Riemer war kein Mitläufer, nein, er war vollkommen durchdrungen von der nationalsozialistischen Ideologie. So schrieb er für den BDM eine Abhandlung über die rassischen Merkmale von Wurzelgemüse, der verblendete Titel lautete: „Die deutsche Rübe im Rausch der Jahrtausende – Leitfaden für eine arische Küche." In seinen Kochanleitungen hält er sich dabei exakt an die Parteidoktrin, und nachdem Göring sein „Kanonen statt Butter" propagierte, ersetzte er in allen Rezepten radikal jedes Milchprodukt durch mittelschwere Flakgeschütze. Vielleicht war das einer der Gründe, weswegen er im März 1944 seine Stelle am Obersalzberg verlor und bis zum Ende des Krieges in der Sondervollzugsanstalt für verdiente Parteimitglieder mit Dachschaden in Landsberg am Lech interniert wurde. Hier verfasste er weitere über 1000 Hitler-Rezepte: Von „Aal à la Adolf" über „Heil-Butt an Gröfarce" bis hin zur „Führerzangenbowle".

Riemer wurde nach Zusammenbruch des Regimes zwar der Prozess gemacht; er ist jedoch wie viele alte Nazis für seine Verbrechen nie belangt worden. Im heraufziehenden Kalten Krieg, als sich langsam die tiefen ideologischen Gräben zwischen östlicher und westlicher Kochkultur auftaten, wurden auf beiden Seiten des eisernen Tabletts gute Köche gebraucht. Schließlich eröffnete Riemer 1953 im odenwäldischen Mumpfenbach das Restaurant „Zum gebackenen Reichsadler" und kochte dieselben alten Gerichte, nur unter einem neuen Namen. Da wurde aus einem „Karpfen braun" eine „Forelle blau" und schon verkaufte sich der Nazi-Fraß wieder wie warme Semmeln. Bis Ende der Fünfziger finden wir auf seiner Getränkekarte Hitlers Lieblings-Eiswein „Rebentraum im Osten"!

Erst die 68er-Bewegung schaffte ein Bewusstsein für die erschreckende Kontinuität in der deutschen Küche. Mit ihrer Parole „*Unter den Teigwaren – Muff von 1000 Jahren*" klagten sie ein neues, ein aufrichtiges Gerichtsverständnis ein. Und dennoch gibt es bis heute noch Menschen, die mich immer wieder ansprechen und verdruckst fragen, ob nicht Riemer trotz seiner Vergangenheit dennoch ein guter Koch gewesen und sein Früchtekuchen zum Beispiel nicht überaus schmackhaft sei? Natürlich ist er schmackhaft! Er ist schmackhaft, köstlich, lecker, erlesen, deliziös, exzellent, raffiniert, vortrefflich, vorzüglich, auserwählt, wunderbar mundend …

Und dennoch absolut ungenießbar! Denn der verbrecherische
Geist, der diesem Rezept zugrunde liegt, bereitet jedem aufgeklärten Menschen heftige Übelkeit. Der geneigte Leser möge mir
verzeihen, dass ich mich an dieser Stelle etwas echauffiere, aber
immer, wenn es um unsere Nazi-Vergangenheit geht, kommt
irgendein Trottel daher und sagt: „Klar, das Dritte Reich war
schlimm, aber was ist mit Riemers Früchtekuchen?" Und das ist
eigentlich gar nicht verwunderlich, denn die meisten Deutschen
kennen dieses Rezept auch nur aus Riemers larmoyanter und
heuchlerischer Autobiographie:

**DORT BACKT ER NÄMLICH EINEN
GÄNZLICH ANDEREN FRÜCHTE-
KUCHEN ALS DEN, DEN ER JOSEPH
GOEBBELS IN DEN KAFFEEPAUSEN
DES REICHSPARTEITAGES IN
NÜRNBERG VORGESETZT HAT ...**

In der Ihnen vorliegenden Dokumentation möchte ich nun das
Originalrezept von Riemers Früchtekuchen präsentieren, damit
es Ihnen nachvollziehbar ist, welch abscheulicher Fall von
Gerichtsklitterung hier vorliegt. Hans-Peter Hobel (Leiter der
Forschungsabteilung für Verbrechen in der Haushaltserziehung
des Instituts für Zeitgeschichte in Braunschweig und mein
langjähriger Mitstreiter gegen das Vergessen) stellte diesen
Erstdruck freundlicherweise zur Verfügung. Sie werden erkennen, dass dieser einfache Früchtekuchen ein warnendes Beispiel
für die Verführungskraft des Faschismus und das Grauen der
totalitären Küche ist.

Kanonen statt Butter

Man nehme einen Apfel von rundem Wuchse mit roten Backen ohne Fehl und Makel. Alles Obst, das diese Kriterien nicht erfüllt, muss aus Rücksicht auf die Volksgesundheit von den übrigen Früchten abgesondert werden und bis zur weiteren Behandlung in einem mit Stacheldraht gesicherten Mülleimer verwahrt werden. Die Äpfel werden geschält, vom Gehäuse befreit und darin lebendes Ungeziefer unbarmherzig verfolgt und vernichtet. Ähnlich verfahre man mit den Karotten, dessen Blattwerk zunächst mit Stumpf und Stiel ausgemerzt werden muss. Das Obst wird in mehrere würfelförmige Bataillone zerteilt und das Wurzelgemüse mit einer Küchenraspel der Marke BRAUN erbarmungslos bearbeitet, bis es völlig aufgerieben ist. Die total zerkleinerten Feldfrüchte werden mit Mehl, Eier, Backpulver und Zucker in einer eisernen Schüssel eingekesselt. Abschließend wird eine mittelschwere Flak unter übermenschlichen Anstrengungen schaumig gerührt und unter die braune Masse gehoben. Nun wird der Teig mürbe geknetet, bis er keinerlei Widerstand mehr leistet. Der Teig wird in einer hakenkreuzförmigen Form kaserniert und für eine Stunde bei 120 Grad im Ofen gebacken. Probieren sollte man das Rezept am besten an Silvester: Brennende Luft und Stunde Null bieten die ideale Atmosphäre.

HONIS
Schlemmer-
Schnitte

ORIGINAL

Oder: „Gebäck zur Stärkung des sozialistischen Staates sowie
der internationalen Volksgemeinschaft und des großen Führers
der Einheitspartei Deutschlands mit Frischkäse und Kaviar."
In Berlin gibt es über 13 000 registrierte gastronomische Betriebe.
Dazukommen unzählige Stehimbisse, Brezelverkäufer, Maroni-
Männer und Bo-Frost-Fahrer. Vom Edel-Italiener bis zum Billig-
Balkanesen, von „Sushi to go" bis „Currywurst to stay", von
„All you can eat" hin zu „Dinner in the dark". Ritter-Essen,
Piraten-Essen, Krimi-Essen – es gibt einfach alles! Der moderne
Mensch der westlichen Welt kann essen, wann er will, was er
will, wo er will und wie er will. Die Kinder Adams, einst aus dem
Paradies fortgejagt, leben heute wieder im Schlaraffenland. Doch
sollten wir bei all dem Schwelgen und Prassen nicht vergessen:
Ohne Kunstdünger und Schädlingsvernichtungsmittel, ohne

Kraftfutter und Hormonspritzen, ohne Superzitzen-Hochleistungskühe und vollautomatisierte „Vom-Ei-zum-Putenschnitzel"-Fabriken, ohne Gentechnik und Schleppnetze (aus denen nicht der kleinste Baby-Kalmar entkommen kann), ohne all diese wunderbaren Segnungen moderner Lebensmittelproduktion wäre unser heutiger kulinarischer Garten Eden eine ziemlich gammelige Rabatte. Denn früher noch war es ein harter Kampf, Mutter Natur das tägliche Brot abzuringen – genauer genommen war es ja der tägliche Brei. Sie haben richtig gelesen: Von der Antike bis zum Mittelalter aß die breite Masse primär Breikost wie Weizenbrei, Gerstenbrei, Haferbrei, Roggenbrei, Rübenbrei, Breibrei usw. Wenn man viel Glück hatte, gab es auch mal ein süßes Mus wie Apfelmus, Pflaumenmus oder Birnenmus. In größeren Mengen war allerdings nur Katholizismus erhältlich. Und am häufigsten gab es eben auch gar nichts zwischen die Kiemen. Hungersnöte, verursacht durch Missernten, Krieg und extrem konsumentenfeindliche Ladenöffnungszeiten, waren an der Tagesordnung.

Infolgedessen trieb die Regierenden aller Länder schon früh die Frage um: Wie zum Teufel ernähren wir das Volk? Der Pöbel wird ja auch irgendwie gebraucht und ein Schweinsbraten bringt sich leider nicht selbst auf den Tisch ... Es sei erwähnt, dass die gesundheitlichen Folgen durch ausgeprägte Mangelernährung damals katastrophal waren und Krankheiten wie Rachitis und Skorbut allgegenwärtig. Aber Himmelherrgott, wie will man sein Essen genießen, wenn dem Domestiken ständig die Zähne ins Schaumsüppchen plumpsen?

Jonathan Swift machte bereits 1729 den Vorschlag, dass arme Großfamilien sich doch einfach ihres überflüssigen Nachwuchses entledigen und ihn aufessen sollten, Zitat: „Ein gesundes, junges, gut genährtes einjähriges Kind ist eine wohlschmeckende Speise, einerlei, ob man es brät, bäckt oder kocht, und ich zweifle nicht, dass es auch als Ragout seinen Dienst tun wird!"

Zweifelsohne war dies lediglich ein satirischer Angriff auf seine englischen Landsleute, wie zum Beispiel den Nationalökonomen Thomas Robert Malthus, der den interessanten Standpunkt vertrat: Was die Unterschicht isst, ist egal. Hauptsache, es ist ausreichend zu wenig. Doch, da haben Sie ganz richtig gelesen ... Malthus argumentierte folgendermaßen: Bei großem Nahrungsangebot steigt durch die Erhöhung der Geburtenzahlen die Bevölkerungsdichte. Dies bedingt nun ihrerseits einen exponentiell ansteigenden Lebensmittelverbrauch, der dann aber zwangsläufig in der nächsten Hungersnot endet. Um dieser fatalen Entwicklung entgegenzuwirken, forderte der Wissenschaftler, dass man die breite Masse der Armen auch in wirtschaftlich guten Zeiten kontrolliert hungern lassen müsse – ein Lehrsatz, an dem sich die westliche Entwicklungshilfe bis heute orientiert.

Andere Gelehrte setzten eher auf Kreativität und Flexibilität: Der Arzt Jacques Dubois entwarf im 15. Jahrhundert ein Gericht, mit dem er die Unterschicht kostengünstig zu sättigen glaubte. Es handelte sich dabei um einen Eintopf mit den Hauptbestandteilen Mehl, Brot, Hülsenfrüchte, Fleisch und Fett. Herrschte aber Not am Essen – was natürlich eigentlich immer der Fall war – dann sollte Familie Schmalhans doch bitte einfach auf Kleie, Knorpel, Kastanien, Nattern und Würmer umsteigen. Wir sehen: Not macht erfinderisch. Während der Belagerung von Paris im Jahr 1870 durch die preußischen Truppen hat die Bevölkerung zum Beispiel ohne Zögern ihren gesamten Zoo aufgefressen. In den nobelsten Pariser Lokalen gab es Gerichte wie „Cuissot de loup" (Wolfshaxe) oder gar „Consommé d'éléphant" (Elefantensüppchen). Dazu ein Château Lafite von 1861, und das Ganze war eines Lucius Lucullus[1] würdig.

1 Lucius Licinius Lucullus (117 v. Chr.; † 56 v. Chr.) war ein römischer Politiker, Feldherr und Feinschmecker. Er führte die Kirsche aus Kleinasien nach Europa ein und gilt heute noch als Vorbild für jeden türkischen Gemüsehändler.

Diese Lebenseinstellung lobe ich mir: Wenn schon verarmen, dann mit Stil! Genauso war es doch in der DDR: Die hatten doch „nüscht" – und? Haben sie sich beschwert? Im Gegenteil. Die ostdeutschen Köche waren Meister der Improvisation! Sie arbeiteten zerkochte Erbsen und Zucker in Marzipan um, frisierten grüne Tomaten zu Zitronat und zauberten aus Stärkebrei einen Butterersatz. Letzterer wiederum wurde hergenommen und zu Dresdner Christstollen verbacken, welcher ob seiner alternativen Grundstoffe damit eher eine Art Gemüsekuchen darstellte. Dazu wurde „Erichs Krönung" serviert: geröstete Getreidekörner, die man für eine Stunde neben eine Kaffeebohne gelegt hatte!

Doch mögen wir uns vor jedweder Arroganz hüten! Der Mensch im real existierenden Sozialismus wusste immerhin, dass sein Jägerschnitzel eine panierte Pökelwurst ist. Wir jedoch schieben uns aus Fischmehl zusammengepresste Imitat-Garnelen hinter die Kiemen! Und es geht noch schlimmer: Was der Schwabinger Yuppie bei seiner Lieblings-Sushi-Lounge als Kaviar verzehrt, ist zusammengepanscht aus Zutaten wie Schweineknorpel, Rinderblutplasma und Weizenkleber. Um es beim Namen zu nennen: **SCHLACHTABFÄLLE**! Logisch, warum sollte nur der Obdachlose aus der Mülltonne fressen? Nach meiner Auffassung ist unser Essverhalten heute oft nur noch ein Sinnbild für borniert, aufgeblasene, dekadente Dummheit … In der DDR hingegen, da herrschte die Tapferkeit des Mangels!

Den fundamentalen Unterschied in der deutsch-deutschen Kochkultur sah man schon im Fernsehen. Auf westdeutscher Seite
klapperte Clemens Wilmenrod mit den Töpfen, doch der Mann
war gar nicht vom Fach. Nein, der Typ war Schauspieler und so
kochte er auch ... Wilmenrod verkaufte, ohne mit der Wimper zu
zucken, den Zuschauern Rollmöpse mit Essiggurken und Ket-
chup als „Heringssalat nach Art bretonischer Fischer". Sein Essen
wurde die Fisch und Fleisch gewordene Lüge des Kapitalismus.
Aber Gott sei Dank stand auf ostdeutscher Seite für die unter-
drückte Masse der Chefkoch Kurt Drummer bereit, ein geniali-
scher Herdvirtuose und mehrfach international ausgezeichneter
Meisterkoch, der unter Aufbringen seiner ganzen Kunst ver-
suchte, eingelegten Schweinkamm in Boeuf Bourguignon[2] zu
verwandeln ...

Und es gab noch andere große Köche des Sozialismus. Nehmen wir zum Beispiel Marek Golgowski, der in den 50er-Jahren Chef de Cuisine im Kreml war. Die Duma hatte ihn zum 30. Jahrestag der Revolution persönlich von Ulbricht angefordert, da nur er Stalins Leibspeise perfekt zubereiten konnte: Szegediner Gulag. Erst kürzlich gab der über Hundertjährige im Genießer-Magazin „GOURMAND" ein höchst aufschlussreiches Interview mit Aufsehen erregenden Thesen, die ein völlig neues Licht auf die neuere deutsche Geschichte werfen. Dort behauptet er unter anderem: „Es wird ja gerne von der neodemokratischen Kampfpresse kolportiert, dass der einfache DDR-Arbeiter bei Broiler[3] und Soljanka[4] darbte, während die Parteifunktionäre in verbotenen Früchten des Kapitalismus schwelgten. Dies ist eine bösartige Verleumdung! Das Zentralkomitee wusste aufgrund seines tiefen Verständnisses um die Errungenschaften des Sozialismus die vorhandenen Ressourcen schlichtweg besser zu nutzen!"

Kurzerhand machte ich mich auf, diese gewagte Behauptung zu überprüfen und wurde in der Bundesbehörde für die Stasi-Unterlagen fündig: Marek Golgowski arbeitete von 1963 bis 1989 im Restaurant „Rote Fahne" in der Waldsiedlung Wandlitz, dem Wohnort vieler bedeutender SED-Parteifunktionäre. Dort war Golgowski von der Stasi als IM Gurkenhobel auf keinen geringeren als den Vorsitzenden der SED angesetzt. Interessanterweise hat Erich Honecker diese Bespitzelung sogar selbst in Auftrag gegeben und bestand darauf, vom Chef der Staatssicherheit täglich über sein – also Honeckers – Verhalten informiert zu werden. Im Kampf gegen die Feinde des Sozialismus wollte er niemandem trauen, am wenigsten sich selbst ...

2 Boeuf Bourguignon ist Rindfleisch, das lange und schonend in Rotwein gekocht wurde. Früher gab es in die Sauce noch einen Schuss frisches Rinderblut. Was nur beweist, dass auch die französische Küche ihre derben Facetten hat.

3 Broiler ist in Ostdeutschland ein beliebter Begriff für Brathähnchen.

4 Soljanka ist ein säuerlicher Eintopf aus Russland und besteht aus einer Vereinigung von Schtschi (Kraut und saure Sahne) und Rassolnik (Salzgurken und Gurkenbrühe). Es war ein beliebtes Resteessen in der DDR. In die Soljanka kam eigentlich alles, von Jagdwurst bis Braunkohle.

Meine Freude war unbeschreiblich, als ich in einem der Über-
wachungsprotokolle auf ein Rezept stieß, das Golgowski anlässlich des 30. Jahrestages von Stalins Blinddarmentnahme für
Honecker kreiert hatte. Es trägt die etwas spröde Bezeichnung:
„Gebäck zur Stärkung des sozialistischen Staates sowie der
internationalen Volksgemeinschaft und des großen Führers
der Einheitspartei Deutschlands mit Frischkäse und Kaviar"
(Honis Schlemmer-Schnitte).

ZUTATEN

10g Kaviar   100g Frischkäse   1 Packung Waffelbrot
                                             der VEB Gutena (Filinchen)

Für das „Gebäck zur Stärkung des sozialistischen Staates sowie der
internationalen Volksgemeinschaft und des großen Führers der
Einheitspartei Deutschlands mit Frischkäse und Kaviar" verwen-
det man Rogen des Belugastörs[5]. Ist gerade kein Beluga-Kaviar
zur Hand, bieten die Kaviarsorten Osietra und Sevruga[6] adäqua-
ten Ersatz. Käme es überraschend einmal zu Engpässen in der
Kaviarversorgung – kann auch den besten Regierungsformen mal
passieren – wird Ihnen der nächste KONSUM sicher mit Eiern
vom Lachs aushelfen. Sollte aus Gründen übergroßer Nachfrage
während der Weihnachtsfeiertage auch der Lachs schon vergriffen
sein, kann man alternativ auf das Gelege der Forelle ausweichen.
Und träte der höchst unwahrscheinliche Fall ein, dass selbst
Forellen-Kaviar nicht erhältlich sei – ein möglicher Sabotageakt

5 Beluga-Kaviar wird vom Europäischen Hausen (Huso Huso) gewonnen
und ist sehr teuer. Sozusagen der Kaiser unter den gesalzenen Fischeiern.

6 Osietra-Kaviar stammt vom russischen Stör (Acipenser gueldenstaedtii)
und Sevruga-Kaviar vom Sternhausen (Acipenser stellatus). Beide Sorten
sind etwas günstiger als der Beluga-Kaviar. Gute Ware bekommt man schon
für 20 Cent. Natürlich pro Ei.

kapitalistisch-imperialistischer Agenten – dann könnte auf den Laich von Hering, Sardine oder Kabeljau zurückgriffen werden. Ist unter keinerlei denkbaren Umständen an frische Fischeier zu gelangen, dann sollte sich jeder Bürger der DDR fragen, wie man jetzt überhaupt ans Essen denken kann, während der Klassenfeind die Ostsee besetzt hält. Will man in solch einer Situation dennoch nicht auf „Gebäck zur Stärkung des Sozialistischen Staates sowie der internationalen Volksgemeinschaft und dem großen Führer der Einheitspartei Deutschlands mit Frischkäse und Kaviar" verzichten, möge man folgendermaßen verfahren: Man nehme zehn Gramm Sago und koche es circa eine halbe Stunde lang in einem kräftigen Fischfond. Für die Zubereitung des Fischfonds gebe man eine Dose Ölsardinen auf schätzungsweise zwei Liter gesalzenes Wasser. Die Masse wird abgeseiht und mit Hilfe einer Tasse Tinte des Mittelmeerkalmars (alternativ: Schuhcreme) in ein dekoratives Tiefschwarz umgefärbt. Die Filinchen werden großzügig mit Frischkäse bestrichen und behutsam mit dem (Ersatz-)Kaviar bestreut. Das „Gebäck zur Stärkung des Sozialistischen Staates sowie der internationalen Volksgemeinschaft und des großen Führers der Einheitspartei Deutschlands mit Frischkäse und Kaviar" wird auf einer silbernen, fünfstufigen Servier-Etagere angerichtet. Ein Teller tut es auch.

KLARE KARTOFFELBOVIST-SUPPE

mit Sandmütze

Auf meinen Expeditionen rund um die Welt bin ich natürlich oft auf recht eigenwillige kulinarische Kuriositäten gestoßen, und – ich will ehrlich sein – an einigen Orten dieses Planeten hat mein Enthusiasmus für neue Geschmackserfahrungen einen kleinen Dämpfer erhalten. Auch wenn es mir fern liegt, die Esskultur eines anderen Volkes herabzuwürdigen, muss dennoch das Folgende gesagt werden: Manchmal wurden mir mit dem freundlichsten Lächeln Gerichte von geradezu exorbitanter Ekelhaftigkeit vorgesetzt. Vieles mussten meine Verdauungsorgane im Dienste der Wissenschaft ertragen: Quallensalat in Japan, Rattenspieße in Kamerun, Entenblut-Pudding in Vietnam, vergorener Hering in Schweden, madenzersetzter Schafskäse in Sardinien, paniertes Euter in Berlin.

Meinen persönlichen Favoriten in punkto gastronomischer Grausamkeit fand ich auf einem philippinischen Wochenmarkt. Eine kleine, runzelige, zahnlose Bäuerin bot mir dort rosafarbene Fleischklößchen an, die auf den ersten Anblick gar nicht so unappetitlich wirkten. Doch bei genauerem Hinsehen entpuppten sich diese Dinger als frisch aus dem Ei gepellte Hühnerembryos, es war schauderhaft. Das Gericht heißt „Balut" und bedeutet übersetzt: „Kleiner Frühstückshappen für kinderfressende Psychopathen". Damit tut man dann dem viel geschmähten Schlangenfraß völlig unrecht, denn was hätte ich mich in diesem Moment über eine frittierte Kreuzotter gefreut!

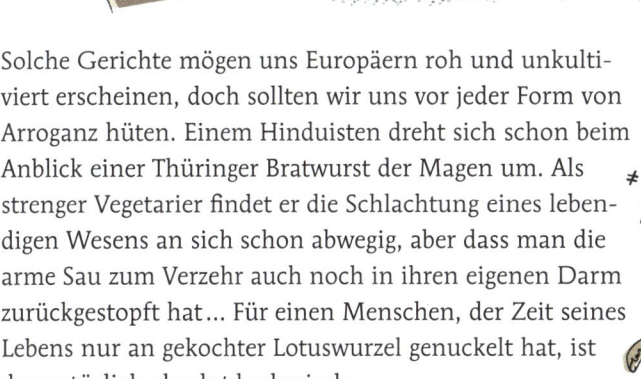

Solche Gerichte mögen uns Europäern roh und unkultiviert erscheinen, doch sollten wir uns vor jeder Form von Arroganz hüten. Einem Hinduisten dreht sich schon beim Anblick einer Thüringer Bratwurst der Magen um. Als strenger Vegetarier findet er die Schlachtung eines lebendigen Wesens an sich schon abwegig, aber dass man die arme Sau zum Verzehr auch noch in ihren eigenen Darm zurückgestopft hat... Für einen Menschen, der Zeit seines Lebens nur an gekochter Lotuswurzel genuckelt hat, ist das natürlich absolut barbarisch.

Wir schließen hieraus: Der Homo Sapiens ist ein Allesfresser. Was einigermaßen verdaubar ist, kann gegessen werden. Ernährungsphysiologisch teilen wir uns den Platz im Tierreich mit den Schweinen und viele Zeitgenossen können sich selbst auf dieser Entwicklungsstufe nur schwer halten. Über die Akzeptanz eines Nahrungsmittels entscheidet aber letztlich der Kulturkreis, dem wir angehören. Kämen Sie als Vietnamese auf die Welt, wäre Ihnen beigebracht worden, einen Hund nicht als Kuscheltier zu betrachten, sondern als eine mobile Form von Mittagessen. Essen auf Pfoten – warum auch nicht? Hundefleisch ist nicht ungesünder als anderes Fleisch, im Gegenteil! Vom Rinderwahnsinn hat man schon gehört, aber hat man je einen an Hundeidiotie erkrankten Dackel Amokgassi gehen sehen?

Umgekehrt würde es Sie als Asiat in Europa an der Käsetheke gruseln und Sie riefen entsetzt: „Was, das Zeug besteht aus Milch, einem Sekret, das man Rindern aus der Bauchdrüse saugt? Dann lässt man es auch noch monatelang zu einem stinkenden, grünen Brei vergammeln? Seid ihr Europäer noch ganz gar im Kopf?" In der traditionellen fernöstlichen Kochkultur gibt es kaum eine Speise auf der Basis von Kuhmilch und ein Gorgonzola ist für Asiaten der Inbegriff gastronomischer Perversion.

Der Mensch unterwirft sich also in seinen Essgewohnheiten
den Normen seiner Umwelt, was gleichermaßen bedeutet,
dass Geschmack nicht angeboren ist, sondern uns beigebracht
wird. Nicht nur, wie wir essen sollen, sondern was wir essen
sollen, wird uns aktiv vermittelt. Und Eltern wissen, dass
Geschmackserziehung eine verdammt harte Arbeit ist! Was
muss man sich für ein Gebrüll anhören, nur weil man dem ver-
zogenen Wurm das subtile Aroma von Grünkohl näherbringen
will? Und wie viele Versuche, den Eisenhaushalt des Nachwuchses zu sichern, enden in einer Umgestaltung der Küchenwand
mit Spinat? Ich gebe zu, ich war als Kind auch nicht besser.
Noch heute hallt mir die Drohung im Ohr: „Du bleibst jetzt so
lange sitzen, bis der Teller leer ist!" Und das blieb ich, Stunde
für Stunde, aber Sie glauben gar nicht, wie lange es dauert, bis
so ein Topf Wirsing verdunstet ist.

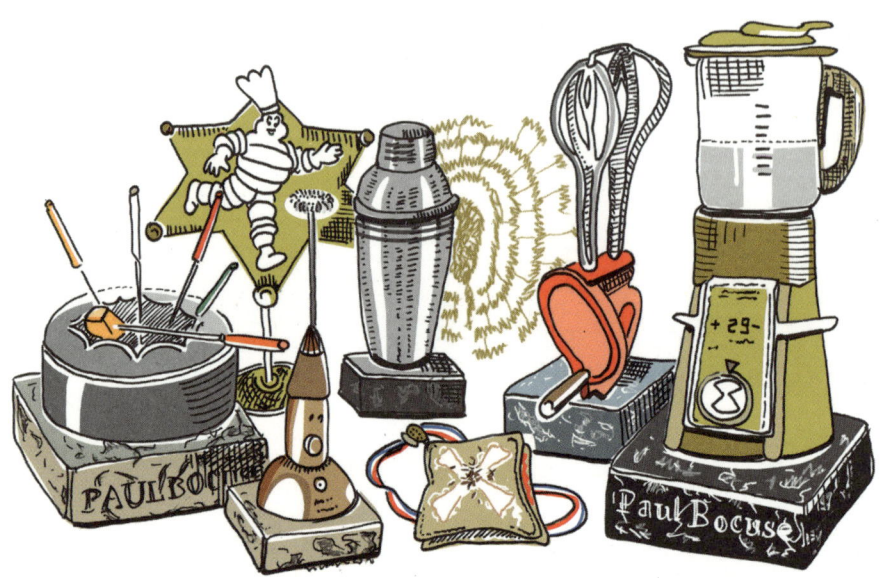

Als ich neulich, wie so oft, in der französischen Originalausgabe
von Paul Bocuse' wegweisendem Buch „La cuisine du marché"
blätterte, fragte ich mich versonnen, ob die Mutter dieses großen Küchenmeisters mit ihrem Sprössling dieselben Probleme
hatte? Paul Bocuse ist schließlich einer der bedeutendsten Köche
der Gegenwart, seine Verdienste und Auszeichnungen sind so
zahlreich und herausragend wie seine Gerichte. Vierundvierzig
Jahre in Folge wurden ihm *drei Michelin-Sterne* verliehen, er
hat sich in die französische Ehrenlegion gekocht und wurde auch
von Deutschland mit dem Bundesverdienstkreuz mit Zucker-
glasur geehrt. Und da ist doch die Vorstellung, dass der „König
der Köche" – wie er sich selbst bescheiden nennt – im Kindesalter
seine flambierten Crêpes auf den Teppich plumpsen ließ und
mit seiner Sauce Béchamel[1] Tiere auf die Tischplatte malte, sehr
erheiternd.

1 Die Erfindung der Sauce Béchamel wird dem großen französischen Koch
François-Pierre de La Varenne zugeschrieben, der den Hof Ludwig XIV. mit
seinem Können beglückte. Der Name der Sauce ist zugegebenermaßen etwas
pompös, denn im Grunde ist sie nur eine Mehlschwitze mit Milch. Aber unter
dieser Bezeichnung kann man sie natürlich keinem Sonnenkönig vorsetzen.

Es kann natürlich auch anders gewesen sein, da es doch nahe liegt, dass ein Genie von Bocuse' Format einfach den Akt der Sozialisierung übersprungen hat. Vielleicht hat der kleine Paul sich aus der Wiege heraus am Herd hochgezogen und angefangen zu kochen? Warum nicht? Mozart hat im Alter von sechs Jahren schon Menuette geschrieben, so könnte einem Bocuse doch auch im selben Alter ein parfümiertes Perlhuhn-Soufflé[2] an Morchel-Espuma gelungen sein.

Dieser Gedanke elektrifizierte mich. Natürlich hätte ich mich mit diesem Problem an Paul direkt wenden können, doch leider ist mein Kontakt zu meinem alten Freund seit einiger Zeit abgebrochen. Bocuse ist ein Gigant in der Küche, aber er hat auch dunkle Seiten. So reagiert er auf jede Form von Kritik überaus feindselig. Als der GOURMAND in seiner Herbstausgabe von 1987 schrieb, die „neue Speisekarte tendiere etwas stark in Richtung Fleischgerichte", traktierte Paul die Redaktion wochenlang mit Paketbomben, die er aus verwesenden Fischinnereien und Zigarrenkistchen gebastelt hatte. Noch schlimmer erging es einem amerikanischen Gastrokritiker, der seit nun mehr zehn Jahren auf der Flucht ist. Bocuse hat über ihn eine Art Fatwa verhängt, er versprach jedem ein Menü mit 72 Gängen für den Kopf des Ketzers. Dieser hatte es gewagt, die Wildschweinterrine des Kochs der Köche als „einen Hauch zu trüffelig" zu bezeichnen.

2 Ein Soufflé ist ein sehr luftiger Auflauf auf der Basis von geschlagenem Eiklar. Aufgrund seiner enormen Instabilität gibt es kein Gericht, dass bisher mehr Tote gefordert hat. Erst Dezember 2011 erschoss sich ein Koch, weil sein Hummer-Soufflé vor den Augen eines Restaurantkritikers in sich zusammenfiel.

Auf ähnliche Weise zerbrach auch unsere Freundschaft. Nach einer durchzechten Nacht waren wir in meiner Pariser Wohnung gestrandet. Paul war dabei, schwankend wie ein Smutje in der Kombüse, uns am Herd ein paar Bratkartoffeln zu brutzeln. Es handelte sich dabei um einfache Bratkartoffeln, in Butterschmalz ausgebacken, mit einer Prise Pfeffer. Nach der ersten Gabel griff ich reflexhaft zum Salzfass und ehe ich meine Hand zurückziehen konnte, hatte Paul mein Haus verlassen – und es seit diesem Tag nie wieder betreten.

Da ich also Fragen zu Bocuse' Kindheit nicht mit ihm persönlich klären konnte, reiste ich zu seinem Geburtsort Collonges-au-Mont-d'Or nahe Lyon. Wie es unter Historikern üblich ist, begann ich meine Recherche in der Kirche und bat hier um einen Einblick ins Taufregister, um zunächst einmal den Stammbaum der Familie zu erstellen. Die anwesende Küsterin erzählte mir dabei eine schöne Anekdote: Die Taufe von Paul Bocuse wäre beinahe ins Wasser gefallen, da das Neugeborene bei jedem Versuch es zu benetzen, ein derartiges Protestgeschrei anstimmte, dass der Pfarrer den Ritus schon abbrechen wollte. Erst als der Vater – selbst ein bedeutender Gastronom – darum bat, einen Becher Messwein sowie eine Prise Salz ins Taufbecken geben zu dürfen, beruhigte sich das Kind und die Zeremonie konnte beendet werden. Die alte Dame gab zu, dass dies natürlich nur eine Legende sei, um den großen Bürger ihrer Stadt zu ehren. Doch könne sie sich gut erinnern, dass der neugeborene Paul nur unter den schwersten Bedingungen zu stillen gewesen sei. Hatte die Mutter Kartoffelbrei gegessen, an dem nur etwas Muskat fehlte, oder war das Fleisch zu lange gebraten, der Milchreis zu wenig gesüßt, dann verweigerte das Kind die Brust. Ich war überaus verblüfft über die Genauigkeit ihrer Schilderungen und fragte die Küsterin, ob sie Paul Bocuse besser kenne. Sie sagte, sie sei jahrelang das Kindermädchen der Familie gewesen und schon früh sei ihr die besondere Begabung des Knaben aufgefallen. Bei diesen Worten jubilierte mein Herz: Wieder einmal hatten die Götter meine Irrfahrt durch die Geschichte der Gaumenfreuden gesegnet!

Der Name der redseligen Madame war Simone Cotelette. Überaus geschmeichelt von meinem Interesse, bot sie schließlich an, zum Zweck meiner Recherche ihr Tagebuch hervorzuholen. Ich wäre aus Dankbarkeit und Ehrfurcht beinahe vor ihr auf die Knie gesunken. Viele Stunden verbrachten wir im Garten des Pfarrhauses, aßen Madeleines [3], tranken Lindenblütentee und stöberten in Simone Cotelettes Erinnerungen. Besonders beeindruckt hat mich dieser Eintrag vom 13. Juni 1946: Heute kam Paul heulend zu mir und fragte völlig verstört, wo Jacques sei. Er meinte damit den Sohn des Schlächters Remarque aus der Rue de Sanguine. Ich sagte ihm, dass Jacques die Pocken hätte und er heute nicht mit ihm spielen könne. Er rief entsetzt: „Aber ich brauche Jacques zum Kochen!" Ich schlug ihm vor, er könne doch auch mit Dominique, François, Frédéric, Gerard, Guillaume, Jean-Pierre, Louis, Maurice, Philippe, Thierry oder Yves kochen. Er war vollkommen fassungslos und antwortete mir: „Meine Suppe kann ich nur mir Jacques kochen. Mit keinem anderen!"

---

3 Madeleine ist ein kleiner, runder Kuchen in Form einer Jakobsmuschel. Der Legende nach soll die Zofe Madeleine Paulmier im Jahre 1755 mit diesem Gebäck ein Festessen des Polenkönigs Stanislaus gerettet haben, nachdem der Patissier kurzfristig gekündigt hatte.

Im Anschluss diktierte der dreijährige Paul dem Kindermädchen Simone Cotelette folgendes Rezept: „Klare Kartoffelbovist-Suppe mit Sandmütze."

Regenwürmer werden gehackt und mit dem Suppengrün im Pfützenwasser vorsichtig erwärmt. Nach zwei Stunden wird alles durch Mutters Seidenschal gefiltert, um die festen Bestandteile von der Kraftbrühe abzutrennen. Die Nacktschnecken werden ausgenommen, zwischen Papas Plattensammlung mehrere Stunden gepresst und auf dem Boden der silbernen Sonntagsterrine ausgebreitet. Darüber kommt eine Schicht in Scheiben geschnittene Kartoffelboviste. (Pilze niemals mit Wasser waschen! Am besten, man reibt sie mit Omas Häkeldecke sauber.)

Das Ganze wird mit der Regenwurmfarce übergossen und mit einem Lindenblatt bedeckt – aber Vorsicht, das Blatt muss auf der Suppe schwimmen! Der Sand wird mit etwas Spucke zu einem Teig geknetet und auf dem frisch geputzten Küchenboden fein ausgewalzt. Für diese Arbeit eignet sich ein Nudelholz, ich persönlich bevorzuge aber ein Fotoalbum, weil es sehr dekorative Muster in der Masse hinterlässt. Der hauchdünne Teig wird vorsichtig auf das Lindenblatt gelegt. Nun wird das Ganze für circa 24 Stunden in Papas Auto gestellt und in der Sonne erhitzt, bis sich das volle Aroma der Suppe im ganzen Wagen verbreitet hat. Abgerundet wird alles mit einem kräftigen Schuss Pipi.

Connaisseure der französischen Küche werden dieses Gericht natürlich erkannt haben: Es handelt sich dabei um eine frühe Variation der berühmten „Soupe aux truffes V.G.E.", bekannt als jene Trüffelsuppe mit Blätterteighaube, die Bocuse für den Staatspräsidenten Valéry Giscard d'Estaing kreierte und die deshalb auch dessen Initialen trägt. Man kann sie leicht selbst zubereiten. Denn Bocuse' Kompositionen sind bekannt für ihre schnörkellose Harmonie und Besinnung auf das Wesentliche. Der frühkindliche Prototyp dieser Delikatesse ist für seine Genießer-Gemeinde leider für immer verloren, denn meine letzte Station auf meiner Reise nach Collonges-au-Mont-d'Or war der Friedhof. Hier ruht der kleine Jacques Remarque aus der Rue Sanguine. Er hat die Pocken wohl nicht überlebt.

Jacques
REMARQUE
le 11 2bre 1936 – 8 ans.

REISKORN
im Blauwal-Mantel

„Sag mir, was du isst, und ich sag dir, wer du bist!"

Dieser Satz stammt von dem berühmten französischen Gastrosophen Jean Anthèlme Brillat-Savarin[1]. Hinter diesem heiteren Aphorismus steckt eine grundlegende Erkenntnis. Essen dient dem Menschen offensichtlich nicht nur als Nahrung, sondern auch als Mittel zur gesellschaftlichen und kulturellen Orientierung. Einfacher ausgedrückt: Die Essgewohnheiten seiner Umgebung sind eine Art Navigationssystem, das dem Menschen hilft, sich in seiner Welt zurechtzufinden. Tragen die Leute z.B. meterlange Brote unter den Achseln, weiß man: „Aha, ich bin in Frankreich!" Versinkt das Rippchen im Sauerkraut, darf man freudig ausrufen: „Oh, du, mein deutscher Rhein!"

1 Jean Anthèlme Brillat-Savarin (* 1755, † 1826) war einer der bedeutendsten französischen Gastrosophen. Sein bekanntestes Buch ist „Physiologie des Geschmacks". Ein Werk, bei dem ich neidlos anerkenne: Das hätte ich nicht viel besser gemacht.

Wird gelber Reis mit Fisch und Huhn serviert, grüße man den
Ober mit einem feurigen: „¡Olé!" Sind Berge klein geheckselten
Fleischs mit Knoblauchquark auf dem Teller, ahnt der Kenner:
„Hier kann ich bald nicht mehr mit Euro bezahlen." Und wenn
man den Fraß gar nicht runterbekommt, ist die Frage berechtigt:
„Was zum Teufel habe ich in England verloren?"

Aber auch innerhalb der Gesellschaft schafft das Essen Identi-
fikations- und Unterscheidungsmerkmale. So sagt etwa mein
alter Studienfreund, der französische Soziologe Pierre Bourdieu, Geschmack sei klassenspezifisch. Die Oberschicht greift zu
Meeresfrüchten, Wild und exotischem Obst, weil dies als Zeichen
ihrer sozialen Stellung gilt. Der Proletarier hingegen bevorzugt
Brot, Wurst und Kartoffeln, weil es Kraft gibt für den Klassen-
kampf. Dabei ist es nicht so, dass der Arbeiter einfach kein Geld
für Kaviar hat, nein, ihm schmeckt die glibberige Pampe halt
auch gar nicht. Von Hummer wird es einem Werktätigen nur
übel. Außerdem weiß er mit dem Zeug auch gar nicht umzuge-
hen: Bestenfalls haut er die Austern auf den Grill und schüttet
ein Pils drüber! Schlimmstenfalls benutzt er sie als Baustoff.

Krabbenmädchen nach William Hogarth

Ich will die wissenschaftliche Leistung meines Freundes hier wirklich nicht schmälern, Bourdieu hat in seinem Leben Großes geleistet. Er hat nicht nur die moderne Kultursoziologie entscheidend geprägt, er hatte auch von allen französischen Sozialwissenschaftlern, die ich kenne – und ich kenne sie alle –, den am besten sortierten Weinkeller. Doch muss ich leider feststellen, dass mein Peterchen bei seinen Thesen zum klassenspezifischen Geschmack einen entscheidenden Punkt übersehen hat: Es ist nämlich nicht immer leicht zu sagen, wo und wann welches Nahrungsmittel welche soziale Kaste repräsentiert. Denn dies kann sich je nach Zeit und Ort gravierend ändern. Die heute hoch begehrte Auster galt im 18. Jahrhundert in vielen Küstenregionen als Arme-Leute-Essen. Charles Dickens beschreibt in seinem Buch „Die Pickwickier", wie viele Hungerleider diese Schalentiere „in regelrechter Verzweiflung" hinunterwürgten. Ähnlich verhält es sich mit Lachs, heute ein hoch geschätzter Edelfisch: In Schottland gab es früher so oft Lachs zu futtern, dass die Hausangestellten rebellierten und vom Parlament eine monatliche Obergrenze verlangten. Man stelle sich vor, Verdi drohe mit Warnstreiks, um die Reduzierung des Hummeressens in deutschen Betriebskantinen durchzusetzen! Auch diese Meeresfrucht war früher eher lästiger Beifang, der an die Armen verkauft wurde, und heute zahlen Gourmets dafür Unsummen. Aus einem einfachen Grund: Es gibt ihn kaum noch. Schade eigentlich, denn ein Hummer wird bis zu 70 Jahre alt. Darüber sollten Sie mal nachdenken, wenn Sie wieder so ein Teil fressen. Dieses Tier könnte Ihr Großvater sein!

Hieraus lässt sich schlussfolgern: Nicht der Geschmack, sondern
die Verfügbarkeit entscheidet über das Prestige eines Nahrungsmittels. Von einigen römischen Kaisern ist zum Beispiel über-
liefert, dass sie niemals Meeresfisch in ihrer Sommerresidenz an
der Küste verzehrten – das war ihnen viel zu profan und ihrer
Stellung unwürdig. Erst in Rom haben sie wieder täglich mit
Brassen geprasst. Und wenn wir die beschränkten Möglichkeiten
bedenken, im alten Rom Meeresfisch gekühlt zu transportieren,
hat der ein oder andere Monarch diesen Luxus sicher noch mit
kaiserlichem Dünnpfiff veredelt.

Die Suche nach Exklusivität hat für die Umwelt oft katastrophale
Folgen. So servieren chinesische Hochzeitspaare ihren Gästen
gerne Haifischflossensuppe. Nicht aus kulinarischen Gründen, nein, denn die Suppe selbst ist ein recht fades, schleimi-
ges Gebräu. Den Gastgebern geht es allein um demonstrierten
Luxus. Dafür werden jährlich circa 100 Millionen Haien die
Rückenflossen abgetrennt und die verstümmelten Tiere wieder ins
Meer geschmissen. Mit einer perversen Logik: Denn je seltener
diese Raubfische werden, desto teurer wird das Gericht und desto
mehr steigt das Prestige des Gastgebers. Man kann also sagen,
die Haifischflossensuppe ist der Privatjet unter den kulinarischen
Perversionen.

Doch wenn es ein Gericht gibt, das unter Tierschützern wirklich Angst und Schrecken verbreitet, dann ist es das sogenannte „Hu-Han-He". Dieser Begriff geht auf den chinesischen Naturforscher Hu Han He zurück. Als dieser im Jahre 1691 die Insel Mauritius besuchte, lief ihm die letzte lebende Dronte [2] über den Weg, besser bekannt unter dem Namen Dodo. Selbst nach intensivster Suche konnte Hu Han He kein weiteres Exemplar dieses flugunfähigen Riesenvogels finden und als gewiefter Biologe schlussfolgerte er natürlich sofort, dass dieses Tier aus Mangel eines Sexualpartners das letzte seiner Art sein musste. Da aber Hu Han He nicht nur Naturforscher, sondern auch ein Mensch von hohem Pragmatismus und nebenbei in diesem Moment sehr hungrig war, hat er den Dodo einfach aufgegessen. Bedauerlicherweise fand er dieses Mahl derart köstlich und von so kribbelnder Originalität, dass er die Segel setzte und sich auf dem Weg nach Madagaskar machte. Denn dort war kurz zuvor das letzte lebende Riesenfingertier gesichtet worden ...

DODO ODER DRONTE
(DIDUS INEPTUS)

2 Es wird vermutet, dass der Begriff „Dodo" sprachlich aus dem Portugiesischen kommt. „Diodo" bedeutet hier: töricht, tollpatschig.

Das Hu-Han-He ist deswegen auch kein exakt definiertes Gericht:
Es kann eine Suppe, ein Braten oder eine Teigtasche sein, es kann
Bambussprossen, Holunderdolden oder Morchelspitzen enthalten, mit Knoblauch, Vanille oder nichts davon gewürzt sein. Das
alles ist nicht entscheidend, denn das Hu-Han-He ist ein gas-
tronomisches Konzept! Der Koch muss lediglich gewährleisten,
dass der Gast das erhabene Gefühl verspürt, dass es nie wieder
einem anderen Schlemmer vergönnt sein wird, ein Mahl wie dieses
zu genießen. Das Hu-Han-He stellt somit die höchste Exklusivität
im kulinarischen Kosmos dar. In der Realität wird das allerdings
nicht so streng ausgelegt … Für den Besitzer eines Hu-Han-He-
Restaurants gilt als grobe Faustregel: Was sich auf der roten Liste
von Greenpeace findet, ist auch auf der Speisekarte erlaubt.

Das alles ist natürlich totaler Wahnsinn. Hu-Han-He-Esser sind
zweifellos eine Gruppe absoluter Irrer, die es verdient hätten,
vom Beutelwolf gefressen zu werden, wäre der letzte dieser Art
nicht bei einem Barbecue gegrillt worden. Ich selbst bin aktiver
Hu-Han-He-Gegner! Im Januar 2008 war ich mit einer Gruppe
polynesischer Anti-Hu-Han-He-Aktivisten in Peking, um vor
dem Restaurant „Hu-Tsitse-Bae" (Brutzelnder Panda) gegen den
Raubbau kulinarischer Ressourcen zu demonstrieren. Dort wurde
nämlich der 300. Todestag von Hu Han He von seinen Anhängern
gefeiert. Natürlich unter strengstem Ausschluss der Öffentlichkeit
und höchsten Sicherheitsmaßnahmen. Ich kann Ihnen verspre-
chen, gegen ein Hu-Han-He-Bankett wirkt jeder G8-Gipfel wie
ein Tag der offenen Tür im städtischen Kindergarten.

Dennoch konnten wir unter Verwendung exorbitanter Geld-
summen einen Hilfskoch bestechen. Ihm gelang es, die Ein-
kaufsliste des unter Tierschützern berüchtigten Küchenchefs
Ha Se Peng aus dem hermetisch abgeriegelten Restaurant zu
schmuggeln. Anhand der aufgeführten Zutaten war es einer
Gruppe von Spitzenköchen und Zoologen unter meiner Füh-
rung möglich, das Gericht, von dem wir ausgehen, dass es an
diesem Abend den Gästen gereicht wurde, zu rekonstruieren:
„Reiskorn im Blauwalmantel".

ZUTATEN:

1 ungekochtes Reiskorn	1 Roter Stummelaffe
1 Admiral (Falter)	1 Atlantischer Glattrochen
1 Thailändische Hummelfledermaus	1 Dugong (Seeschwein)
1 Bartfaden vom Schneeleoparden	1 Afrikanischer Wald-Elefant
1 Graugesichtiges Rüsselhündchen	1 Blauwal
1 Tasmanischer Teufel	100 Tonnen Sake [3]

---

3   Sake ist japanischer Reiswein, serviert in winzigen Schalen. Das hat nichts
mit Geschmack oder Stil zu tun – die Japaner vertragen einfach nicht mehr.

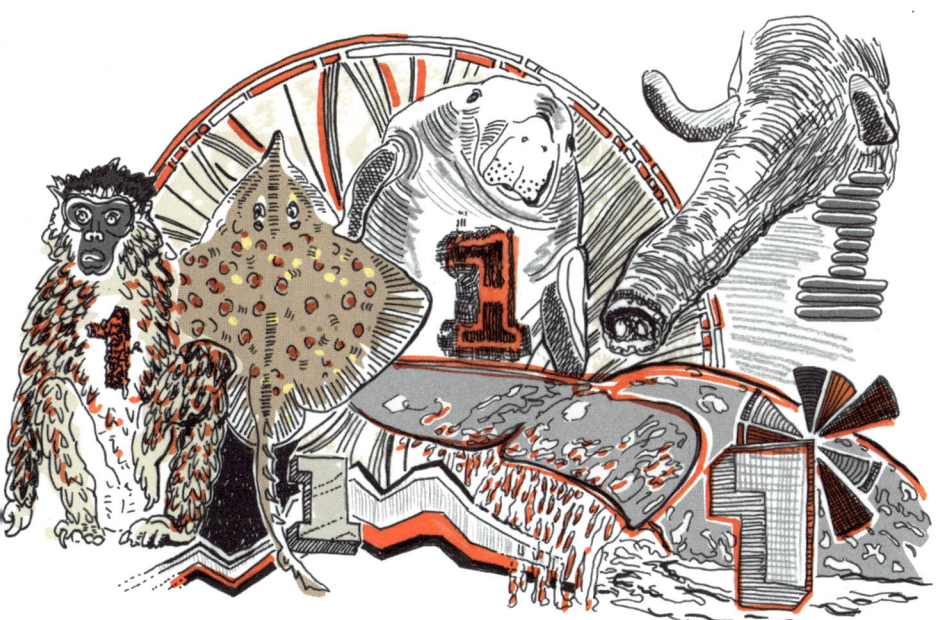

ZUBEREITUNG:

Das Reiskorn wird in den Hinterleib des Admirals gesteckt und das vollständige Insekt anschließend im Wok knusprig frittiert. Den gebackenen Schmetterling gebe man nun in die geöffnete Körperhöhle einer Hummelfledermaus, die vorsichtig mit Hilfe einer Nadel und dem Bartfaden eines Schneeleoparden zugenäht wird. Das Tier kurz in Knoblauchöl andünsten und noch heiß in ein paniertes Graugesichtiges Rüsselhündchen stecken. Dieses dient nun seinerseits als Füllung des tasmanischen Teufels, der vorab kräftig mit Erdnussbutter bestrichen wurde und nun in einen Roten Stummelaffen hineingepresst wird. Den Affen mit Limettensaft beträufeln und ordentlich in den ganzen Rochen einwickeln. Diese Fisch-Roulade wird nun behutsam in das Hinterteil eines geräucherten Seeschweins eingeführt, welches wiederum in den Elefanten gezwängt wird, dessen Beine mit seinem eigenen Rüssel fest an den Körper gebunden werden. Abschließend wird ein Blauwal über sein Maul mit dem Elefanten bestückt. Das Ganze 48 Stunden in Sake [3] köcheln lassen. Sollte Ihnen das Gericht für ein einzelnes Essen zu schwer sein, pas de problème: Es lässt sich bis zu 700-mal aufwärmen. Der wahre Hu-Han-He-Genießer isst vom ganzen gefüllten Blauwal ohnehin nur das Reiskorn.

Schwein oder nicht Schwein – was kommt auf die Waage? Fragen wie diese treiben heute immer mehr Menschen um, denn wie wir wissen, hat der weltweite Fleischkonsum beängstigende Ausmaße angenommen. Jeder Deutsche verdrückt in seinem Leben einen ganzen Bauernhof, 1094 Tiere haut er sich statistisch betrachtet hinter die gefräßigen Hauer, darunter vier Kühe oder Kälber, vier Schafe, zwölf Gänse, 37 Enten, 46 Truthähne, 46 Schweine und 945 Hühner und die ein oder andere Fliege bei einer Fahrt in einem offenen Cabriolet. Man schätzt, dass derzeit circa 1,5 Milliarden Rinder auf dieser Welt grasen, Tendenz steigend. Geht das so weiter, werden die Rindviecher noch die dominierende Lebensform.

Das hat natürlich fatale Konsequenzen:

Die Tierindustrie gehört heute schon zu den größten Verursachern von Treibhausgasen. Eine Kuh produziert im Jahr bis zu 100 Kilogramm Methan. Damit könnte man ein Auto 1000 Kilometer weit antreiben! Man müsste der Kuh nur noch beibringen, in den Tank hineinzupupsen. Weitere Konsequenzen sind: Urwaldabholzung zum Futtermittelanbau, Wasserverschmutzung, extremer Energieverbrauch, hohe Weltmarktpreise für Getreide. Daraus folgen Hunger, Krankheit und so weiter, es ist ein Drama! Einige Wissenschaftler behaupten sogar, die moderne Fleischproduktion sei ökologisch und sozial eine derartige Katastrophe, dass künftige Generationen den Fleischkonsum schlichtweg verbieten werden. Fleischessen wird kriminalisiert! Und die Typen, die heute am Bahnhof Haschisch verkaufen, dealen bald mit Leberkäsbrötchen.

Vegetarier sind also argumentativ stark aufgestellt. Dennoch werden sie von vielen Zeitgenossen immer noch belächelt und verspottet. Woran das liegt? Der wichtigste Grund dafür ist sicherlich, dass der Mensch in seiner prototypischen Ausgabe nun mal ein gefräßiges, hirnfaules und ignorantes Wesen ist. Frei nach dem Motto: Nach uns die Sintflut. Und wenn wir dann alle Tiere aufgefressen haben, gibt es für uns auch mehr Platz auf der Arche! Aber vielleicht liegt die Skepsis gegenüber der fleischlosen Zunft eben auch ein bisschen daran, dass sich in der Gemeinde der Vegetarier – bei aller Hochachtung vor den moralischen Motiven – eine kleine Anzahl von Sonderlingen tummelt. Denn wie wir wissen, ist der Weg von der Idee zur Ideologie ein sehr kurzer, und von da an ist es bis zum Wahnsinn oft nur noch ein Katzensprung.

Grundsätzlich ist ja auch die Frage „Was ist bzw. isst ein Vegetarier?" gar nicht so leicht zu beantworten. Er nimmt kein Fleisch zu sich, so die allgemeine Definition. Aber viele Vegetarier essen zum Beispiel ohne Bedenken Eier. Doch ist ein Ei eben auch eine sehr frühe Phase des Hühnerembryos. Läuft sein Verzehr somit nicht unter kulinarischer Abtreibung?

Wo fängt Fleisch an, wo hört es auf? Veganer gehen dieses Problem dogmatischer an als Vegetarier, sie lehnen kategorisch jede Form von tierischem Protein ab und trinken nicht mal Milch! Logisch, denn Kühen die Zitzen leer zu pumpen, ist Euterraub. Drüsensekrete sind nur dann erlaubt, wenn der Bauer natürlich verendete Tiere gemolken hat. Diese Argumentationsweise mag vielleicht etwas überzogen sein, aber eines muss man den Veganern lassen: Sie sind konsequent.

Doch von den hoch motivierten Idealisten haben sich nun die Frutarier abgespalten, die man als eine Art orthodoxer Veganer verstehen kann. Denn der Frutarier geht in seinem Weltverständnis noch viel weiter, er fordert: „Schluss mit der einseitigen Bevorzugung von Tieren. Auch eine Rübe will leben, kein Radieschen gegessen werden! Sind Pflanzen nicht viel schutzbedürftiger? Hat ein Spargel etwa Beine, um vor dem bösen Stecher zu flüchten? Ein Kalb kann seinen Schmerz rausbrüllen, eine Möhre jedoch, eine Möhre, die leidet still ..." Der Frutarier isst deshalb nur Teile einer Pflanze, die ihm die Pflanze sozusagen freiwillig überlässt. Also Früchte und Nüsse, die selbst vom Baum und Strauch gefallen sind. (Wobei ich auch schon Frutarier beobachten musste, die dieser Freiwilligkeit durch rüdes Schütteln des Stammes nachgeholfen haben. Aber das nur am Rande.)

Doch damit sind wir noch nicht am Ende unserer Reise ins exotische Reich des Vegetarismus angelangt. Denn innerhalb der an sich schon extremen Gruppe der Frutarier hat sich vor kurzer Zeit eine fanatische Fraktion gebildet: die sogenannten Parasitarier. Sie stehen auf dem Standpunkt, dass tierisches Protein erlaubt ist, solange der Verzehr einem höheren Zwecke dient. Will heißen: Das Essen von Kreaturen, die auf Kosten anderer leben, ist in Ausnahmefällen erlaubt, denn deren Verzehr dient schließlich dem allgemeinen Wohl. Der delikate Punkt dabei ist jedoch, dass ein Parasitarier unter „der Allgemeinheit" ausdrücklich ALLE Bewohner dieser Erde versteht, ja, sogar den Planeten selbst in sein Denken mit einbezieht. Und da der Mensch nun mal zweifelsfrei die derzeit größte globale Bedrohung darstellt, sind die wesentlichen Grundnahrungsmittel für Parasitarier: Fallobst und Menschenfleisch, weswegen für diese Bewegung in der Fachwelt auch gerne die alternative Bezeichnung „Neokannibalismus" gebräuchlich ist.

Der Neokannibalismus ist eine sehr extreme Form des Umweltschutzes. Und tatsächlich finden sich unter den Neokannibalisten heute viele frustrierte, ehemalige „Gründungsmitglieder der Grünen". Er ist eine autoaggressive Kampfansage an die Zerstörer dieses Planten, also gegen uns. Dabei greifen die Neokannibalen eine alte Tradition auf. Denn der Verzehr von Menschenfleisch war selten und nur unter extremsten Bedingungen eine Form der Ernährung. Im Mittelalter in Zeiten großer Hungersnot lauerten marodierende Räuberbanden unschuldigen Reisenden auf, um sie dann Schnitzel für Schnitzel an die umliegenden Dörfer zu verkaufen. (Das Gericht „Ratsherrentopf" verdankt dieser Zeit seinen Namen.) Solche Begebenheiten galten jedoch eher als Einzelfälle. Wo der Kannibalismus regelmäßig praktiziert wurde, war er als ritueller Akt zu verstehen: Die Ureinwohner Papua Neuguineas glauben bis heute, dass die Kraft des getöteten Feindes durch dessen Verzehr auf sie selbst übergeht, denn das Essen des Gegners stellt dessen totale physische und psychische Vernichtung dar. Und genau das will die neokannibalistische Bewegung.

Die Gemeinschaft der Parasitarier ist quasi die al-Qaida unter den alternativen Ernährungsformen: Sie operiert im Untergrund, ihre Organisationsstruktur ist streng geheim, Ausbildungslager teilen sie sich mit den Taliban und ihre Aktionen sind primär terroristischer Natur. Doch was für mich als fanatischen Feinschmecker am fatalsten ist: An eine Einladung zum Essen ist extrem schwer ranzukommen! Und wenn es geschieht, kann das für den Gast tödliche Folgen haben.

KOMMANDO
ARMIN MEIWES

Dennoch ist es mir geglückt, ein Originalrezept der Neokannibalen aufzuspüren. Ich fand es in den Prozessunterlagen des Strafverfahrens gegen die sogenannte *„Entlein-Bande"*, eine Gruppe deutscher Parasitarier, benannt nach ihrer charismatischen Anführerin Heidrun Entlein, Metzgerstochter und ultraradikale Tierschützerin.

Das „Kommando Armin Meiwes" [1] entführte unter ihrer Leitung Henri Derrière, den Chef des Dachverbandes französischer Stopfleber-Hersteller, und verarbeitete ihn zu Pasteten, nur um diese beim Neujahrsempfang des französischen Staatspräsidenten aufs Buffet zu schmuggeln. Der Fall rief in Frankreich große Bestürzung hervor, weil bei diesem Staatsbegräbnis der anderen Art die Hälfte der anwesenden Würdenträger beim Verzehr des Toten mithalf.

Ich habe die Prozessakten mit großem Interesse studiert und muss zugeben, dass sie tiefe Verunsicherung in mir hervorgerufen haben. Jeder, der mich kennt, weiß, dass ich den Einsatz von **GEWALT ALS MITTEL ZUM ERREICHEN VON GASTRONOMISCHEN ZIELEN IN DER KÜCHE** stets verabscheut habe. Doch kann ich nicht leugnen, dass ich im Laufe der Zeit eine gewisse Sympathie für die idealistischen Motive der Entlein-Bande entwickelt habe, gerade weil es in diesem Fall um die Machenschaften der mir besonders verhassten Stopfleber-Industrie ging.

1 Armin Meiwes, bekannt als der „Kannibale von Rotenburg", verspeiste im Frühjahr 2001 einen Mann auf dessen eigenen Wunsch hin. Er trank dazu übrigens ein Glas fränkischen Spätburgunder. Das ist natürlich barbarisch, aber nicht ohne Stil.

Die Produktion von „Foie gras" (französisch für „fette Leber")
gehört noch heute zu den absurdesten Grausamkeiten, die der
Mensch zu kulinarischen Zwecken einer lebenden Kreatur
zufügt. Gottlob ist aus diesem Grund die Herstellung in den
meisten europäischen Ländern auch verboten. Nicht jedoch
in Frankreich ... Dieses an sich doch gastronomisch so hoch
entwickelte Land produziert im Jahr circa 20 000 Tonnen
Stopfleber. Um diese Barbarei gegenüber der zivilisierten Welt
zu rechtfertigen, haben die Franzosen die Foie gras zum natio-
nalen Kulturgut erklärt. Und Europa kann nur hoffen, dass
der französische Staat aus ähnlich patriotischen Motiven die
Guillotine nicht wieder rauskramt!

Ich möchte hier noch einmal betonen,
dass ich die Methoden der Neokannibalen uneingeschränkt verabscheu-
ungswürdig finde. Und der politischen
Sprengkraft des nun folgenden Rezeptes
durchaus bewusst, will ich es dennoch
veröffentlichen, denn es ist nicht nur
ein lehrreiches Beispiel, wohin fehlge-
leiteter Idealismus führen kann. Dem
Irrsinn einer Heidrun Entlein stehen
schließlich auch die Perversionen
der modernen Lebensmittelproduktion gegenüber. Was das „Kommando
Armin Meiwes" tat, lassen wir heute
täglich millionenfach in ähnlicher
Form zahlreichen Lebewesen ange-
deihen, nur weil sie nicht zu unserer
Gattung gehören. Diese Kochanleitung
ist deshalb auch ein Sinnbild für den
menschlichen Chauvinismus gegenüber allem, was kreucht und fleucht.
Und eine Gans würde folgende Zeilen
sicher mit großer Genugtuung lesen.

500g Foie gras vom
  feisten Bauern
2 EL Schalotten
2 EL Butter
2 cl Madeira
60 g Speck
  Pfeffer
  Salz

ZUBEREITUNG:

Eine herkömmliche Bauernleber ist klein, hart, bitter und zum Kochen völlig ungeeignet. Doch durch Zwangsernährung wird dieses Organ groß, weich und zu einem geradezu überirdischen Genuss. Im Supermarkt oft schwer erhältlich, ist diese Köstlichkeit aber mit etwas Geduld, Liebe und einem Händchen für Menschen leicht selbst herzustellen. Man nehme deshalb ein Dutzend französischer Jungbauern, entführe sie direkt von der

Berufsschule und entferne mit einer Zange Zähne und Finger-
nägel (schützt bei der weiteren Haltung vor Verletzungen durch
die Artgenossen). Da männliche Jungbauern beim Heranreifen
ein strenges, leicht urinöses Aroma entwickeln, werden sie kas-
triert. Dabei bitte mit Rücksicht auf ökologische Standards auf
die Verwendung von Chemie verzichten! Sprich: Kein Einsatz
von Betäubungsmitteln. Generell sollte bei der Haltung von
Landwirten im eigenen Haus und Hof darauf geachtet werden,
dass der Mensch artgerecht kauern kann. (Ein quadratischer
Käfig von einem Meter Kantenlänge möge daher nie mehr als
zwei Exemplare enthalten.)

Nun werden den angehenden Landwirten täglich dreimal fünf
bis sechs Kilo geschroteter Mais über einen Schlauch direkt
in den Magen gepumpt. Der Mensch ist satt, wenn das grobe
Maisgranulat deutlich durch die Bauchdecke fühlbar ist. Nach
circa vier Wochen sind die Bauern schlachtreif. Es ist sinnvoll,
vor der Schlachtung zwei- bis dreimal um den Schlachthof
herumzufahren. In Erwartung ihres nahen Endes entleeren die
meisten Exemplare hierbei ihren Darm, was sich bei der späte-
ren Verarbeitung der Innereien als nützlich erweist.

Nach der Schlachtung wird die Stopfleber vorsichtig aus der
Bauchhöhle entnommen und von der Gallenblase befreit. Die
Fertigstellung der Bauern-Lebterrine selbst ist denkbar einfach: Die klein geschnittenen Schalotten in Butter anschwitzen
und die gewürfelte Leber circa drei Minuten lang darin anbraten, vom Herd nehmen und etwas abkühlen lassen. Geschmol-
zene Butter hinzugeben, mit Pfeffer, Salz und Madeira würzen.
Alles fein pürieren. Die Lebermasse in eine Terrinenform schöp-
fen und mit Speckscheiben belegen. Das Ganze kommt dann
noch für etwa eine Stunde in den Kühlschrank. Fertig. Mein
Sommelier empfiehlt dazu einen Sauternes [2] aus dem Keller des
pürierten Bauern.

2 Sauternes ist ein Weinanbaugebiet in Frankreich und bekannt für seine
edelsüßen Weißweine.

SUPERHEISSES SORBET MIT BUTTERKAVIAR AN MOLKEPAPIER

Die Molekularküche ist derzeit die avantgardistischste Bewegung in der zeitgenössischen Esskultur. Ihr prominentester Vertreter ist sicherlich der Spanier Ferran Adrià mit seinem legendären Restaurant **EL BULLI**; aber auch sein englischer Kollege Heston Blumenthal, Küchenchef des unvergleichlichen **THE FAT DUCK** in Bray (Berkshire) hat sich in diesem Fach seine Lorbeeren verdient. Denn diese hoch dekorierten Sterneköche kreieren nicht nur völlig neue und ungewöhnliche Gerichte, sie haben sich kein geringeres Ziel gesetzt, als das Kochen zur modernen Kunstform zu erheben.

Es gibt Menschen, die meinen: *„Kochkunst? Gibt es nicht!“* Die Aufnahme von Nahrung sei ja ein unmittelbares Bedürfnis, genauso wie das Verlangen nach Luft oder gar der banale Drang, den Darm zu entleeren. Es gäbe doch auch weder eine „Atemkunst“ noch eine „Arte bello exkrementare“, also die Kunst des schönen Ausscheidens. Essen wäre ein zu profaner Vorgang, als dass es Kunst sein könnte. Jede Mahlzeit, und sei sie noch so raffiniert zubereitet, ende letztlich doch nur als übel riechender Abfallhaufen in der Toilette. Und spätestens dort könne man zwischen deliziös glasierter Fasanenbrust und einem Butterbrot nicht mehr unterscheiden. Essen diene einzig der Nahrungsaufnahme und nichts weiter! Und was wir als Geschmack wahrnähmen, wären nichts anderes als elektrochemische Stimulationen

von Nervenzellen auf der Zunge. Wie könnte solch physiolo-
gische Banalität Gegenstand wahren künstlerischen Schaffens
sein? Wahre Kunst setzt sich über die Biologie hinweg!

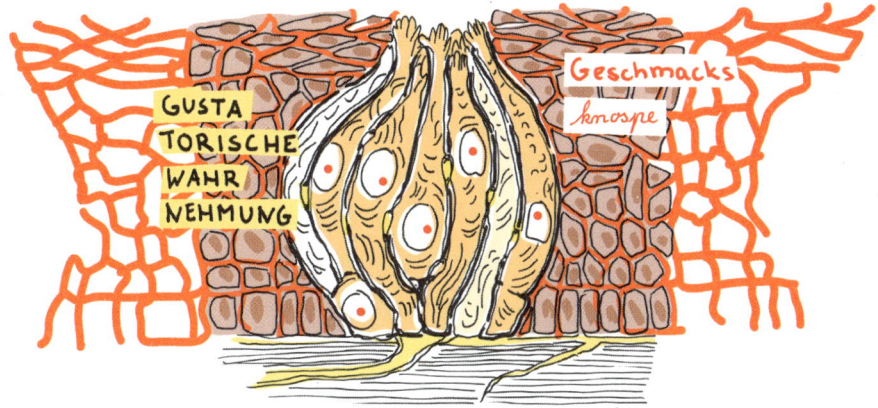

Diesen fragwürdigen Thesen haben Molekularköche den Kampf
angesagt. Als ich zum ersten Mal eines dieser atomaren Küchen-
ateliers betrat, es war das berühmte Harz-Stüberl von Maître
Franz Xaver Duboissec in Freilassing, entdeckte mein erstauntes
Auge auf der Speisekarte Gerichte wie z.B. „Verglaste Kräuter",
„Eis vom Kabeljau" oder gar „In Zucker frittierte Kartoffeln",
und ich fragte mich: Wer hat diese Menüfolge zusammen-
gestellt? Etwa Jules Verne? Bin ich hier in einem Restaurant oder
in der Kantine von Raumschiff Enterprise gelandet?
Ich muss zugeben, ich war angesichts dieses unge-
wöhnlichen Angebots eher befremdet. Geht es
ums Essen, bin ich sicher kein konservativer
Mensch, sondern im Gegenteil ist mir in
kulinarischen Dingen durchaus ein gewisser
Entdeckergeist zuzuschreiben. Als sich meine
Grundschulkameraden an ihre ersten frit-
tierten Tintenfischringe wagten, konnte ich
bereits auf überaus aufregende Experimente
mit rohen Meeresschnecken und überback-
enen Seeigeleiern zurückblicken. Auf dem

Nachtmarkt in Peking sind gar Tiere in meinem Magen gelandet, bei deren Anblick die meisten Leute den Kammerjäger holen würden. Ich weiß, dass feine Zartbitterschokolade, kombiniert mit einem halb zerfallenen Camembert auf einem frischen Baguette, ein berauschendes Vergnügen sein kann. Für Neues und Ungewöhnliches bin ich also absolut offen – blinde Erneuerungssucht und uninspiriertes Zusammenpanschen lehne ich jedoch ab. Manche Köche wissen doch heute gar nicht mehr, dass ein Kartoffelbrei auch ohne Trüffelöl durchaus genießbar ist. Seit Jahren schmeckt jede Kürbissuppe nur noch nach Badezusatz, weil man heutzutage das Zeug ohne eine Überdosis Ingwer offensichtlich gar nicht mehr kochen darf. Außerdem finde ich in letzter Zeit zwischen meinen Zähnen immer wieder Blütenblätter, weil irgendein übermotivierter Küchenbulle unbedingt Rosen ins Salzfass streuen muss. Eines sei hier ein für alle Mal gesagt: Ein „Fleur de Sel" [1] aus der Bretagne ist perfekt, so wie es ist – auch ohne Heu! Ich vertrete die Meinung, dass sich Tradition mit Innovation in Harmonie zum Besseren vereinen muss. Und deshalb gebe ich zu, dass ich zu Beginn meines Mahles in diesem futuristischen Fresstempel des Molekularmagiers Duboissec nicht ganz unvoreingenommen war. Es gab da z.B. „Olivenöl-Bonbons" und ich dachte bei mir: Nicht schon wieder so ein Unfug!

1 Fleur de sel ist Meersalz, das durch Trocknung an der offenen Sonne gewonnen wird. Die oberste Salzschicht kristallisiert dabei in wunderschönen Formen, die jedoch selbst unter dem Mikroskop Blumen eigentlich in nichts gleichen.

Doch als der erste „Sauerkraut-Lutscher", hergestellt bei 79 Grad
minus, auf meiner Zunge in seine atomaren Bestandteile ver-
puffte, war mir sofort klar: Hier geht es nicht um modischen
Schnickschnack, unmotiviertes Zusammenpanschen und schon
gar nicht um die Befriedigung irgendwelcher niederen, physiologischen Bedürfnisse. Hier geht es um das wilde Spiel mit Geschmack
und Form – und mehr noch: Hier geht es um die Abstraktion des
Sauerkrauts an sich. Und nach dem Gang „Geschäumter Bauch-
speck" war ich endgültig zum molekularen Adepten bekehrt! Hatte
ich jemals geahnt, dass es möglich ist, geräucherten Bauch zu
schäumen, wie man es mit Latte macchiato macht? Hier wurde ein
Nahrungsmittel über die Beschränkungen seiner eigenen Existenz
erhoben. Kulinarischer Dadaismus – visionär! Die Grenzen des
Kochbaren werden allein gesetzt durch die Schranken der eigenen
Fantasie. Und was will Kunst mehr?

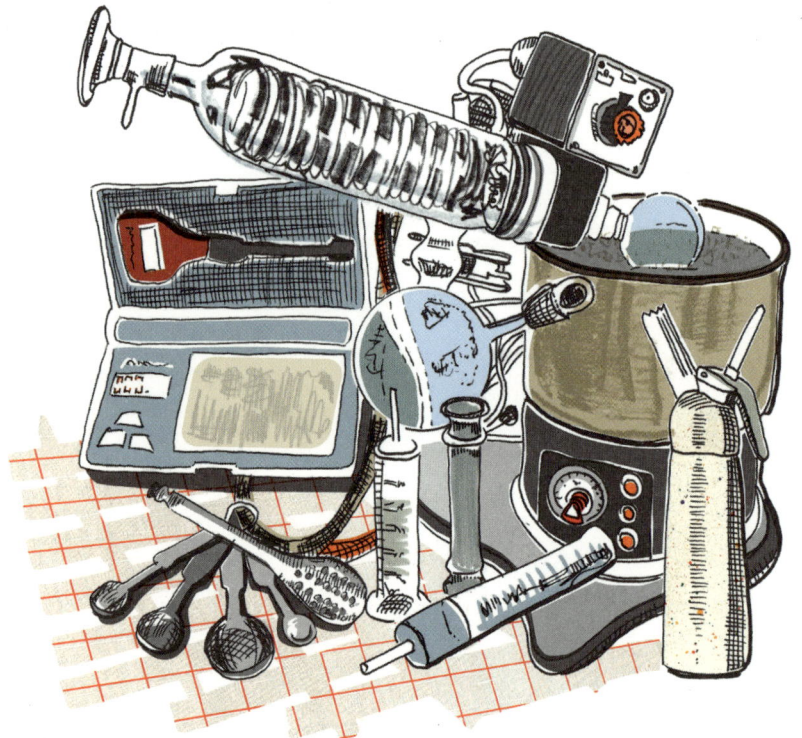

Die **MOLEKULARGASTRONOMIE** bedient sich übrigens modernster, naturwissenschaftlicher Methoden. Was nicht weiter verwunderlich ist, schließlich ist ihr Namensgeber kein Koch, sondern der französische Chemiker Hervé This, und so gleicht die Molekularküche auch eher einem großen Laboratorium. Da wird Melonensaft mit Pipetten in Kalzium-Bäder geträufelt, werden Entenbrüste in der Vakuumpumpe gegart und alles, was der Kühlschrank hergibt, erst einmal tüchtig in flüssigen Stickstoff getunkt.

Es ist sehr bedauerlich, dass diese frische kulinarische Bewegung in letzter Zeit etwas in Verruf geraten ist. Aber leider eben nicht ganz zu Unrecht, denn innerhalb der molekularen Kochszene macht sich ein gewisser Geist der Anmaßung breit. Angespornt von den ersten Erfolgen und dem wachsenden Interesse der Öffentlichkeit, versucht man jetzt, immer spektakulärere, immer abnormere, immer monströsere Geschmackseindrücke zu erzeugen. So wurde im Frühjahr 2006 in einem belgischen Restaurant erstmalig ein Roastbeef mit Hilfe von Gammastrahlen gegrillt.

Das Fleisch war mittels einer Atomuhr im Strontium-Ofen perfekt auf den Punkt gebraten, konnte aber nur in einem Bleibehälter und mit 50 Jodtabletten als Beilage serviert werden. Wenig später erregte das Rezept für „Essenz vom ganzen Schwein" den Unmut von Tierschützern: Hierbei wird ein komplettes Tier zunächst mittels Hochkompressionsverfahren auf fünf Gramm absolutes Schweinekonzentrat reduziert und dem Gast auf einem kleinen Löffel mit Lakritzrand serviert.

Wir sehen, auch in der Küche ist es nur ein schmaler Grad zwischen schöpferischem Genie und menschlichem Wahnsinn. Es mag unwahrscheinlich klingen, aber die größte Bedrohung in diesem Jahrhundert ging bisher nicht vom internationalen Terrorismus, von zerstörerischen Klimakatastrophen oder unberechenbaren Atommächten aus, sondern von einem Dessert. Ich weiß, werter Leser, Sie denken jetzt: Nun ist er endgültig durchgeknallt, der Wahnweber. Aber glauben Sie mir, ich bin kein wirrer Verschwörungstheoretiker! In meinem Besitz befinden sich Dokumente, die eindeutig beweisen, dass im Frühjahr 2009 ein Sorbet unsere Welt an den Rand des Abgrunds brachte. Die Echtheit dieser Papiere ist über jeden Zweifel erhaben, ich erhielt sie von einem sehr engen Freund, der genau wie ich ein leidenschaftlicher Gourmet und begeisterter Erforscher kulinarischen Neulandes ist. Allerdings musste ich ihm bei der Weihnachtsgans meiner Großmutter schwören, seinen Namen im Zusammenhang mit diesen Geheimunterlagen niemals zu nennen, zu erwähnen, ja, auch nur auszuhauchen, nicht der geringste Hinweis dürfe zu ihm führen. Der Leser möge meinem Freunde hier verzeihen, aber man muss wissen, dass er ein hoch angesehener Wissenschaftler ist, der lange und hart arbeiten musste, um Leiter der Abteilung für theoretische Physik in Lyon zu werden. Denn seine Eltern Marie und Louis sind nur einfache Leute, die eine kleine Bäckerei im winzigen Saint-Philippe besitzen. Die Anonymität meines Freundes muss gewahrt werden – wie schnell ist durch Indiskretion der Ruf ruiniert und gerade der französische Geheimdienst ist da doch sehr empfindlich ... Denn genau für diese Organisation musste Pierre – ich denke, seinen Vornamen zu nennen, ist erlaubt – ein Gutachten erstellen. Sein spezieller Forschungsbereich ist die praktische Umsetzung der Kernfusion, ein Verfahren der Energie-erzeugung, bei dem Wasserstoffatome unter hohem Druck und enormen Temperaturen zur Verschmelzung gebracht werden. Bei diesem Vorgang können beängstigende subatomare Prozesse losgetreten werden. Ein Szenario, das man sich etwa so vorstellen kann: Das entstandene Molekül-Kondensat zieht durch seine anwachsende Masse benachbarte Atome an sich und vertilgt sie wie eine Gruppe hungriger Restaurantkritiker, was jedoch zu einem steigenden Gravitations-Sog führt. Die umliegende Materie beginnt mit rasender Geschwindigkeit in den heiß brodelnden Wasserstoffbrei zu stürzen. Alles, was sich in der Nähe befindet, wird verschlungen. Das Gebäude, die Stadt, das Land, der ganze Kontinent zerschmelzen wie Emmentalerstücke in einem gigantischen Käsefondue. Bedingt durch die eigene, monströse Schwerkraft fällt das Ganze langsam in sich zusammen wie ein misslungenes Soufflé. Und am Ende implodiert der gesamte Planet mit einem lautlosen Knall zu einem erbsengroßen schwarzen Loch.

Um genau dies zu verhindern, werden im Kernfusionsreaktor nur kleinste Mengen von Materie, oft nur einzelne Atome zur Verschmelzung gebracht. Pierres Aufgabe war es nun, für den Geheimdienst festzustellen, ob die Masse einer mittelgroßen

Erdbeere genügen könnte, um jene verhängnisvollen atomaren
Kettenreaktionen zu starten. Der Hintergrund für diese recht
ungewöhnliche Frage war ein eigenartiger Zwischenfall beim
französischen Militär im Frühjahr 2009. Aus den Unterlagen
meines Freundes Pierre konnte ich die Geschehnisse in etwa
rekonstruieren: In der Nacht vom 12. auf den 13. Januar wurde
der Hausmeister der streng geheimen militärischen Forschungs-
einrichtung in Le Croisic (Bretagne) auf einen eigenartigen
Geruch im Hochsicherheitstrakt aufmerksam: Es duftete ver-
dächtig nach karamellisiertem Zucker. Er verständigte umgehend
seine Vorgesetzten und ein Spezialkommando stürmte sofort
die gesamte Anlage, wobei ein Mann ergriffen wurde, der sich
hektisch an der Reaktorkammer zu schaffen gemacht hatte. Es
stellte sich heraus, dass es sich bei dem Festgenommenen um
einen gewissen Guillaume Gilbert handelte, Molekularkoch des
Edel-Restaurants „Madame Curie" in Lille. Als Motiv für seinen
Einbruch gab der Mann an, dass nur ein Kernfusionsreaktor die
Temperatur erzeuge, die er für sein superheißes Sorbet benötige.

Als „Beweis" legt er der Polizei eine Erdbeere, einen Becher Sahne und das folgende Rezept vor: „Superheißes Sorbet mit Butterkaviar und Molkepapier".

ZUTATEN

1 Erdbeere   100 ml Sahne

AUSSERDEM

Becherglas   Erlenmeyerkolben

Mischzylinder   Pneumatische Wanne

Bürette   diverse Reagenzgläser

Rückflusskühler   Doppelspiralkühler

Kühlfalle   Scheidetrichter

Destillierbrücke   Reaktionsrohr

Man gebe die Sahne in einen Erlenmeyerkolben und destilliere die wässrigen Bestandteile mittels Heizpilz über einem Doppelspiralkühler in ein Becherglas, wo sie im Ultraschallbad vorsichtig mit flüssigem Stickstoff unterschichtet werden. Das an der Phasengrenze abscheidende Molkekondensat wird abgehoben, mittels Soxhlet-Extraktor extrahiert und als Molkepapier im Trockenschank bis zum Servieren gelagert. Die im Erlenmeyerkolben zurückbleibende buttrige Phase wird mit Hilfe einer Bürette vorsichtig in eine 0,1 Molare Calciumlösung pipettiert. Den entstehenden Butterkaviar trennt man mit Hilfe eines Scheide-

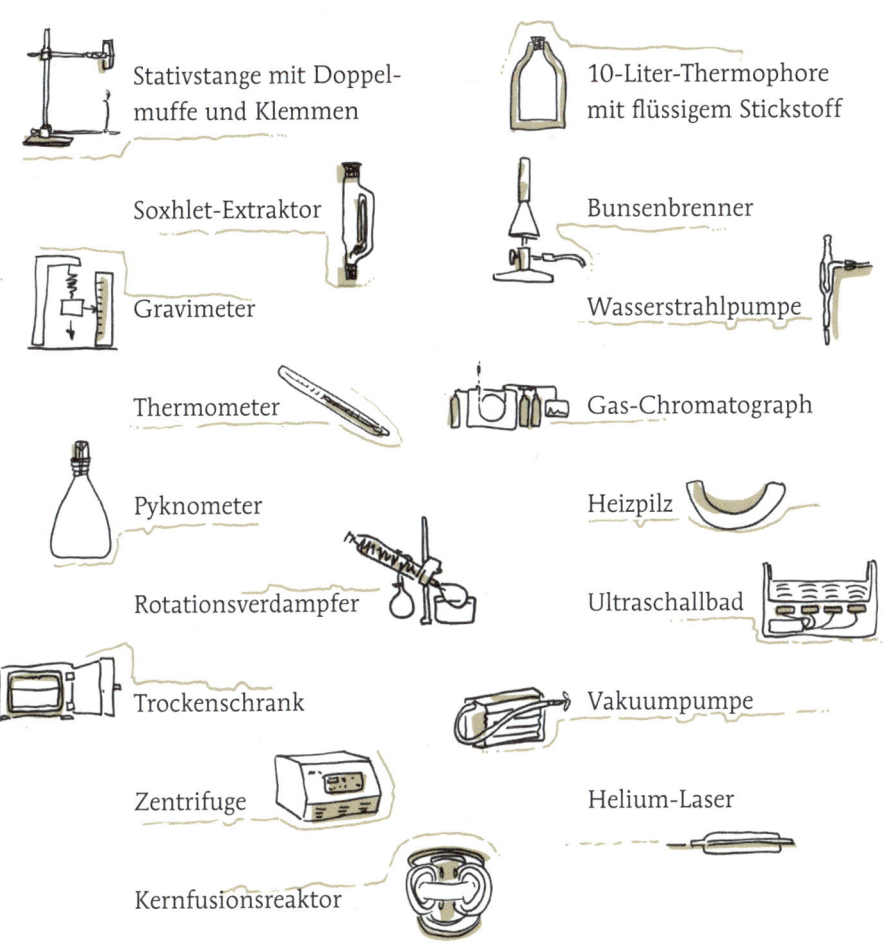

Stativstange mit Doppelmuffe und Klemmen

10-Liter-Thermophore mit flüssigem Stickstoff

Soxhlet-Extraktor

Bunsenbrenner

Gravimeter

Wasserstrahlpumpe

Thermometer

Gas-Chromatograph

Pyknometer

Heizpilz

Rotationsverdampfer

Ultraschallbad

Trockenschrank

Vakuumpumpe

Zentrifuge

Helium-Laser

Kernfusionsreaktor

trichters ab und legt ihn im Rotationsverdampfer trocken. Zur Herstellung des superheißen Sorbets wird eine einzelne Erdbeere zunächst durch Laser-Interferenz-Strahlung auf eine Temperatur knapp über dem absoluten Nullpunkt gebracht. Nach zehn Minuten gebe man die Frucht in ein verschließbares supraleitendes Keramikförmchen, schiebe dieses in den Kernfusionsreaktor und erhitze zügig auf circa 100 000 Grad. Nach circa 45 Nanosekunden bildet sich in den Magnetspulen das superheiße Sorbet, das zusammen mit Molkepapier und Butterkaviar unter Heliumatmosphäre im Hochvakuum auf vorgewärmten Tellern serviert wird.

Mein Freund Pierre hatte später für den französischen Geheimdienst berechnet, dass die Masse der Erdbeere ausgereicht hätte,
unseren Planeten innerhalb von Millisekunden aus dem Sonnen-
system zu tilgen. Er verstarb übrigens kurz nach der Veröffent-
lichung der französischen Erstausgabe dieses Buches an einem
mysteriösen Unfall: Ein Ziegelstein hatte sich vom Dach seines
Instituts gelöst und ihn erschlagen. (Was insofern eigenartig
ist, weil das gesamte Gebäude eigentlich mit Wellblech bedeckt
ist, das Leben schlägt manchmal eigenartige Kapriolen.) Doch
sicherlich hätte es ihn gefreut zu wissen, dass dank ihm das
irre Gericht des wahnsinnigen Guillaume Gilbert der Nachwelt
erhalten bleibt.

WIR SAGEN DANKE ...

*Unser besonderer Dank gilt Sabine Büttner,
Sabine Kroiß und Mathias Tretter für viel-
fachen kreativen Rat bei Text und Bild und
Rechtschreibung. Ohne euch wäre dieses
Werk nicht das, was es ist. Und wir finden
es einfach großartig.*

*Außerdem danken wir allen Schmitt-Thiels
und von Wagners, ganz besonders Michael.
Wir hoffen, wir haben dich nicht allzu viele
graue Haare gekostet.*

*Doch sollen auch nicht unsere Familien und
Freunde in TÜ, MÜ, MZ und Amorbach
unerwähnt bleiben. Ohne eure geistige,
moralische und körperliche Unterstützung
und Euer beharrliches Nachfragen – „Wann
ist es denn endlich soweit?" – wäre das
Buch heute noch nicht fertig. Bald werden
wir wieder für euch kochen.*

Danke. Danke. Danke.

Ragout vom Mammut – 12 aberwitzige Kochgeschichten
von Philipp Weber und Inka Meyer

© Philipp Weber (Text), Inka Meyer (Design, Satz, Illustration)
www.weberphilipp.de | www.designee.de

Herausgeber: Ralf Frenzel
© 2014 Tre Torri Verlag GmbH, Wiesbaden
www.tretorri.de

 Gedruckt wurde auf 115 g/m² Recy®Star
Polar, FSC Recycled 100%, ausgezeichnet
mit dem Blauen Engel und der EU-Blume.

Druck und Bindung: Hinckel-Druck GmbH, Wertheim.

ISBN: 978-3-944628-21-9